高等学校设计类“十二五”规划教材

包装设计

——创意思维与表现

Packaging design

creative thinking and expressing

主　编　管家庆　陈莹燕
副主编　张玉华　黄　薇
　　　　牟　彪　吴晶晶

WUHAN UNIVERSITY PRESS
武汉大学出版社

图书在版编目(CIP)数据

包装设计:创意思维与表现/管家庆,陈莹燕主编 .—武汉:武汉大学出版社,2010.9(2014.7 重印)
高等学校设计类"十二五"规划教材
ISBN 978-7-307-08063-8

Ⅰ.包… Ⅱ.①管… ②陈… Ⅲ.包装—设计 Ⅳ.J524.2

中国版本图书馆 CIP 数据核字(2010)第 150086 号

责任编辑:胡 艳　　责任校对:黄添生　　整体设计:马 佳

出版发行:武汉大学出版社 (430072 武昌 珞珈山)
(电子邮件:cbs22@whu.edu.cn 网址:www.wdp.com.cn)
印刷:湖北恒泰印务有限公司
开本:880×1230 1/16 印张:11 字数:390 千字
版次:2010 年 9 月第 1 版 2014 年 7 月第 3 次印刷
ISBN 978-7-307-08063-8/J·144 定价:39.00 元

高等学校设计类“十二五”规划教材编委会

前 言

如今的包装设计，已不再仅满足于停留在功能层面，而是在设计的创意思维和表现手法上更为多元化。时尚感、个性化、人性化以及绿色环保等概念设计日益丰富着包装设计。如何通过系统的理论知识，开发实战性的包装设计创意思维，将科学性与实用性、创造性与战略性很好地融合到包装设计整个过程中，是本书编写的出发点和落脚点。

出色的包装设计是创造成功品牌的关键所在，要创造出一件成功的包装设计作品，就要充分了解消费者并熟识市场，具有全面综合的认识和战略眼光才能使包装成为品牌宣传的有力武器。除了承载文字信息以外，包装设计作品还必须能够体现品牌承诺和品牌个性，与消费者之间建立一种情感联系。

本书围绕以上观点，在开头部分阐述了包装的理念并简要回顾了包装的发展过程，接下来解析了基于战略思考指导下的视觉元素的创意和表现、包装造型设计的方法、包装设计的材料和结构、包装的分类设计及具体的包装设计过程。

现代设计发展如此迅速，教材的编写也需要体现出对这种发展的敏锐感知、深刻反思和前瞻性的引导，这也是笔者在编写本教材时所希望体现出来的。本书采用了大量国内外优秀的设计作品图例，理论联系实际，具有较强的实用性和创新性，是为包装设计专业、视觉传达专业、平面设计专业的本科生、研究生及从事包装设计专业人员提供的学习参考书。本书写作分工如下：管家庆编写第二、第四和第七章；陈莹燕编写第一、第三、第五、第六和第八章。由于本书的编写具有相对的探讨性，会存在许多不完善的地方，恳切希望专家、同仁批评指正。

本书在编写的过程中，参阅和采用了部分设计杂志和设计网站的图例，由于来源复杂，不能一一标注出作者，在此表示歉意和谢意。

管家庆 陈莹燕
武汉大学 武汉轻工大学

+++ ++ +

CONTENTS 目 录

LUNAR VINE CHARDONNAY
LUNAR VINE ROSE
LUNAR VINE SHIRAZ

CAVEMEN COOKIES

第一章 概 述

第一节 包装设计的概念

一、包装设计的定义

包装设计是一种将形状、结构、材料、色彩、图像、版式以及其他辅助设计元素与产品信息联系在一起，进而使产品更适于市场销售所进行的创造性工作。包装的目的是为了盛放产品，对其进行运输、分配和仓储，为其提供保护并在市场上标示产品身份和体现产品特色。包装设计以其独特方式向顾客传达出一种产品的个性特色或功能用途，并最终达到产品营销的各项目标。包装设计通过一个综合的设计方法体系，集思广益、研究调查、战略考量，把视觉信息、语言信息和价格提炼成一种概念、理念或设计策略的基本方法，通过一种有效得当的设计策略将产品信息传达给消费者。

包装设计必须作为一种具有美感的沟通手段而与具有不同背景、不同兴趣爱好和人生阅历的人进行交流，因此将社会学、心理学、语言学等方面的因素纳入包装设计的考虑范畴将会有助于设计过程的顺利进行以及设计方案的合理取舍。

包装设计作为包装中的重要环节和包装效果的决定因素，不仅综合反映出品牌理念、产品特性、消费心理，而且其设计的优良与否直接影响到消费者的购买欲。包装设计作为实现商品价值和使用价值的手段，在生产、流通、销售和消费领域中，发挥着极其重要的作用，是企业界、设计领域关注的重要课题。因此，包装设计作为一门综合性学科，也就具有了商品和艺术相结合的双重性，是一门集实用技术学、营销学、美学为一体的设计艺术科学。

需要强调的是，包装设计是一种创意工具、一种表达手段，这种表达应该是产品的表达，而不是个人的表达，设计师或营销商的个人偏好都不应该影响包装设计。一件产品的表达、一种能够吸引目标消费市场关注的表达，是来自于一个实体元素与视觉元素的协调配合，从而向目标消费者传递出各种情感、文化、社会、心理和信息提示的过程。

二、包装设计的内涵

虽然包装设计作品的生命周期极为短暂，但是作为物质世界的一部分，包装设计作品反映了市场中所体现的文化价值观念。通过包装设计能够反映出产品、品牌、企业等不同的内涵。

（1）反映产品的个性特点。产品是多样的，不同产品的特征各异，就是同类型产品也有其各自的特征。比较同类产品找出异同点、针对目标市场划分消费阶层、给产品进行准确的定位以符合产品鲜明个性，这些是包装设计的第一个切入点。可参考图1.1~图1.3。

（2）反映产品品牌内涵。在给产品赋予人性化的个性特征之后，包装设计还要反映其品牌内涵。例如国际品牌Anna Sui，其品牌性格鲜明，洋溢着浓浓的复古气息和绚丽奢华的独特气质，大胆，略带叛逆，一切华丽的装饰主义都为其所喜欢，形成了独特的巫女般的迷幻魔力，其风格令人爱恨分明，没有灰色地带。如图1.4所示。

(3) 反映和积累企业文化形象。包装设计为产品服务，产品又出自企业，包装设计无疑折射出企业的文化形象。比如可口可乐的包装设计不但赋予产品品牌内涵，更是可口可乐企业文化积累的一种反映。那种朝气蓬勃、热情似火的企业精神已渗透世界各地，每当可口可乐的包装出现时，人们总能感受到可口可乐公司那固有的文化精髓。如图1.5、图1.6所示。

(4) 体现出一定的地域民族文化。产品包装也是一种文化的渗透，这在食品业包装设计中体现得尤为突出。例如酒类包装，西方人对酒的理解趋向于权力的象征，赋予它高贵、奢华的形象，包装也多采用华丽的造型和色彩，即使平民化的啤酒，在包装设计风格中也能看出其追求强悍力量的一面；而东方人对酒的理解则趋向精神性，赋予它更多的感情色彩，古人常对酒吟诗，或在亲友团聚或分离时饮酒，更多的是借酒抒发情感，因此包装也多为精神化的一面，总体上清新雅致，引人联想和遐思。可参考图1.7~图1.9。又如茶叶的包装，西方人只是将茶作为一种单纯的饮料来理解，而东方人则对茶的理解注入了更多的文化底蕴，从而形成了东方特有的“茶文化”，于是东西方在茶叶包装的风格上也就不同了。

图1.1

图1.2

图1.3

图1.4

图1.5

图1.6

图1.7

图1.8

图1.9

图1.10

第二节 包装设计发展的历史

在漫长的历史长河中，包装伴随着人类社会文明的不断进步而进一步更新、变化发展，由于受到不同时期的历史状况和设计思想与潮流的影响，包装经历了多个发展时期，展现出不同时期的设计风格和特点。

一、早期的包装设计

从人类群居洞穴以来，为了储存食物与携带食物而逐渐产生了包装的行为，目的在于保护、储藏与移动食物或物品，直至演变到农业社会时期的物品交换行为，便形成了包装的雏形。这一时期所采用的包装材料都是来源于大自然的简便材料，如树叶、竹片、树皮、兽皮等，因此可以称为原始包装时期。正是由于原始包装是绿色环保的，于是现代人于是将回归自然和沿袭历史的包装形式称为传统包装，如图1.10所示箬叶包扎粽子等，形形色色的包、袋、筐、篓、罐、坛等包装品都是具有浓郁乡土情调与民间气息的传统包装。

石臼、陶器、粗陋的金属器皿、木材盒匣，以及后来的丝绸彩缎、竹筐篓等包装材料相继出现。随着造纸与印刷术的发明，包装技术得以飞跃发展，这时不仅可以在木材、金属上雕刻字句花纹，而且可以在纸张上印刷牌号招贴，于是就出现了早期的包装设计。早期的包装设计的主要工夫花在容器造型和纹样装饰上，目的是为了增强美感，当时还没有有意识的包装营销的概念。

二、工业革命前后的包装设计

在手工业时代，手工工具是包装设计和生产的用具，当时中外都创造了许多简单的储藏物品的包装样式，如图1.11中的中国传统酒包装，大红的标贴与各色的酒坛相配，构成了中国关于酒包装色彩方面的特定传统；又如图1.12中的中国传统食品的包装，充满浓郁的地方特色。

随着科学技术和工业的发展，手工工具逐渐被机器取代，更多的材料和工艺运用到包装设计中，因此工业革命前后许多包装都已达到了相当高的水平，而只是在插画与文字编排等方面还没有真正地得到发展和重视。

三、新艺术运动时代的包装设计

19世纪末20世纪初，随着印刷技术的发明，陆续出现了各类印刷机械，使得包装的设计制作有了很大的飞跃。同时，新的艺术流派与风格在欧洲层出不穷，它们不但影响建筑、绘画与各种工艺的设计，也推动了包装设计的发展。最典型的风格是新艺术运动、装饰艺术运动，其特点是设计中强调装饰性、象征性。丰富的装饰纹样被运用到包装设计中，不仅增添了包装的外观纹理效果，也极大地丰富了设计的综合表现力。许多包装运用了当时非常流行的时装插图的技法，简洁而具有很强的装饰性,如图1.13及图1.14所示的香烟包装。

图1.11

图1.12

图1.13

图1.14

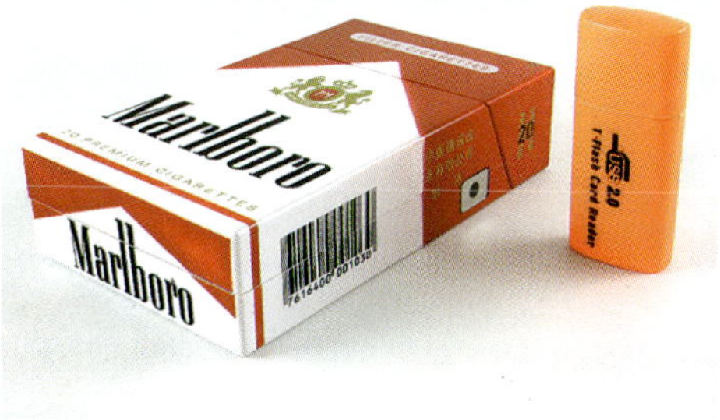

图1.15

图1.16

四、现代主义设计思想下的包装设计

现代主义设计思想在一段时期中主导了世界设计的发展史，具有极大的影响力。该思想强调设计的功能性，主张功能决定形式，认为设计的首要目的是解决功能的问题，其次再考虑形式要素。包装上的每一个视觉元素都必须具有相应的功能与作用，上面的信息简化为最基本的要素——品牌、商品名、商品形象。同时，将各种妨碍视觉传达或无用的要素都尽力去除，使功能与表现形式高度统一起来。

现代主义对现代设计的影响不仅体现在设计的风格上，还主要体现在包装设计及平面设计的理论观念上。现代主义促使人们思考分析如何运用包装设计的手段来促进销售，如何使包装上信息的配置具有一定的科学性与规律性。信息应该按照其重要性在形象的大小、强度上区别对待，它们应构成一定的视觉流程，引导观众认知，如对于一个盒包装而言，包装的六个面在视觉传达上的作用是不同的。主立面，即面对观众的面，应承载一些重要信息——产品形象、产品品牌等，而在其他一些立面可附加上产品说明等主要信息。在视觉语言的表达上，现代主义设计思想反对运用装饰图案，认为装饰是一种无用的视觉污染。它推崇将几何图形、摄影等作为主要的表现语言，通过对包装画面的简化处理，创造出简洁又不失视觉感召力的包装样式，如图1.15和图1.16所示的万宝路香烟的包装设计。

五、企业识别系统指导下的包装设计

到了20世纪五六十年代，全世界许多国家推行一种新的企业经营策略，即CIS——企业识别系统。于是企业形象设计应运而生，它是企业管理与市场竞争的需要，这使包装设计也发生了根本性的变化。对整个企业形象来讲，包装设计不再是传统意义上一个孤立的点，而是与企业宣传、市场营销计划相关的一条线，乃至一个面。设计一个包装，不仅需要深入解决这个包装的自身形象、信息配置等问题，还要合理解决与整个系列包装的关系，以及包装与整个企业视觉形象的匹配等问题。

CIS指导下的包装设计的主要特点是：运用各种CIS设计中规定的视觉设计要素进行系列化设计，在设计中既要保证视觉形象的统一性，又要保持一定的变化空间。

在如今，系列化规范设计的包装是现代企业管理和参与市场竞争的必要手段，它可以让企业在进行自身形象展示和对外进行促销活动时，在一定程度上降低成本，同时保持高质量的视觉品质。试想，肯德基、星巴克这样的跨国企业，如没有规范的包装设计、制作要求，各地分公司各行其是，整个企业的形象就会支离破碎，包装及产品质量就无法得到保证。在现代市场竞争中也有一些个别的例子，因为企业本身是由许多小企业兼并而成，因此，它具有许多已在市场树立形象、有一定市场占有率的产品。为了保持各种产品的个性，在不同类别的包装上采用不同的设计要素。可参考图1.17和图1.18。

六、后现代设计思潮下的包装设计

后现代主义起源于20世纪60年代，是对现代主义的一种批判。在包装设计中，后现代主义更多地表现为一种包装风格上的倾向性，体现为设计中的地域特色与人性化两个方面，反对设计中表达语言的单一和冷漠。

地域性是许多国家设计师非常重视的，它是展现和保持一个民族设计文化个性的重要方面。所谓“民族的就是世界的”，日本在这方面运用得很好，在设计中，他们运用了许多东方及日本特色的图形符号、书法等元素，有效地展现了本国的文化特色，在国际上获得了赞誉。而西方后现代主义设计师在各种历史发展阶段的设计风格中找到某些元素，而后变化处理，从某一个角度反映相关国家的地方文化，也有其独到之处。

人性化是设计师在新时期面临的一种重要的设计倾向，主要指运用各种具有怀旧、幽默、滑稽、乡土气息等意味的表现语言，提升包装在消费者情感上的感召力。在风格上，常常运用手绘方法，使图形具有人情味，或采用乡土气息十足的印刷图案来展现产品的特质，对消费者来说，这种包装显得更为亲切、友好。

后现代主义设计思潮下的包装，不但将传统题材的图形以新的“解构”方法加以再创作，同时还运用各种自然的肌理，使人们进一步接近自然和感受自然。可参考图1.19~图1.21。

图1.17

图1.18

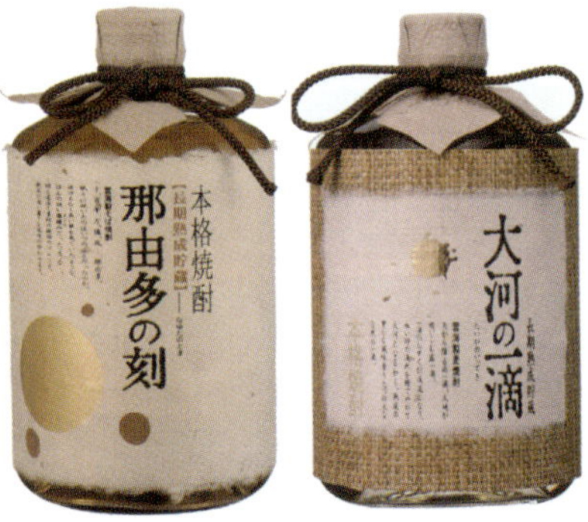

图1.19

图1.20

图1.21

图1.22

图1.23

七、现代包装设计

现代包装设计是工业化社会和市场经济发展的产物，是西方工业革命后机械化大生产和长途安全储运与销售产品的产物，进而推向以迎合市场、引导消费、满足人们对商品的物质功能与审美功能全方位需求为中心，把包装设计对商品的运输、保护、促销等功能的需求逐步演变成从包装的卫生、安全、环保的需求上来进行环保包装设计。环保包装主要表现为材料的节约使用、材料的可回收率和再生率的提升、材料销毁上的便易和不破坏环境等。

最初的做法是在包装上加以各种环境保护的表示符号。20世纪60年代中，一些包装上开始出现了“请在抛弃这个包装时注意环境整洁”等字样，提醒人们对环境的保护意识。以后这种口号一传十、十传百，成为了标志性的符号。可参考图1.22和图1.23。

八、未来包装设计发展趋势

随着科技的发展、人们对生活品质要求的进一步提高，以及对生存环境的关注越来越多，未来包装设计的发展趋势也更多元化。

1. 生态设计

生态设计就是按照自然环境存在的原则，与自然相互作用、相互协调，对环境的影响最小，能承载一切生命迹象的可持续发展的包装设计，即从环境保护的角度考虑进行商品的包装设计。生态设计活动主要包含两方面的含义：一是从保护环境角度考虑，减少资源消耗、实现可持续发展战略；二是从商业角度考虑，降低成本、减少潜在的责任风险，以提高竞争能力。可见，生态设计应该是未来商品包装设计发展的基础。

2. 高新技术设计

信息化时代的到来预示着高新科技的迅猛发展。未来商品包装设计的高新技术设计将体现在计算机辅助设计、计算机辅助制造、智能机器化方法(高级人工智能)、信息设计、虚拟设计、机器人设计、高新技术材料、先进制作工艺、一体化设计、无版印刷、装订、包装技术等方面。

3. 非物质设计

21世纪设计发展总趋势是非物质性,它是信息社会的特征，提供非物质产品和服务。我国信息化程度的不断提高，促使以技术为中心的社会逐步向以智能和信息为中心的社会转变，后者称之为非物质社会,也称艺术的社会，更重视设计品的精神性和艺术性的表现。已经出现的后现代设计就具有一些非物质设计的特征。

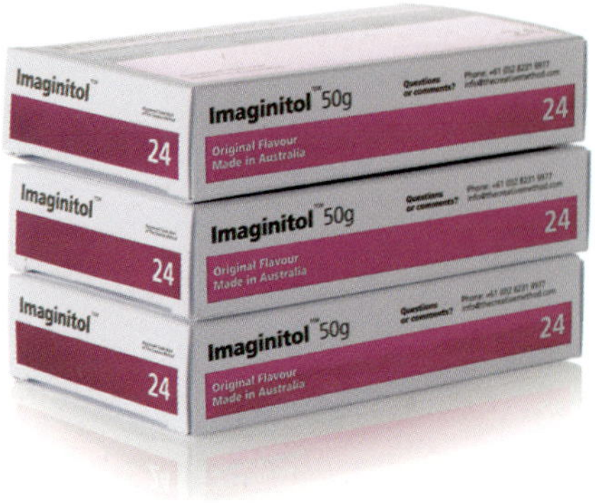

图1.24

图1.25

4. 交互式设计

交互式设计通过包装材料和包装手段的实施，使产品和消费者之间建立起一种更加紧密的联系，形成一种互动的关系，打破过去包装单向传递信息的格局。它的主要表现形式有：感觉包装、功能包装和智能包装。

5. 传统文化与现代风格并存

风格是未来商品包装设计的主题,任何一个商品包装都讲究风格。民族风与国际风、商品性和文化性、继承和革新、传统与现代、雅与俗成为未来商品包装设计的风格。产品的特征一定要与商品包装设计的风格相统一。

6. 人性化设计

人性化设计包括生理(物质)和心理(精神)两个方面，未来商品包装的人性化设计更注重精神方面的需求。我国的商品包装经历了从漠视包装到过度包装这样一个过程。商品包装的人性化设计除满足心理需求外，还要满足不同文化、民族、地域、性别、年龄的人的心理需求。未来商品包装更重视的是包装的人格化。包装的人格化应该是诚实、真实的，而不是虚假、欺骗的；是追求个性的，而不是一味地追求高档。物质越丰富，对非物质的要求就越高；生活水平越提高，就越不能容忍单调无个性的商品包装设计。未来商品包装轻浮华，不会造成环境污染，也不会造成精神污染。

第三节　包装设计的作用

包装设计的作用在日常生活的各个领域显现，它是使产品彰显品质的有效途径，已经成为消费主义世界中的关键因素。消费者们在鉴别产品设计品质的过程中历练成长，其审美眼光也随之提高，他们更充分地意识到，诱人包装的初衷正是企图影响他们的购买决策。

一、传递信息

通过包装设计，使商品需要表达的信息直接或者间接地传递给消费者，让消费者或流通中的管理传送人员能够了解商品的状况或者记忆识别该商品，并通过这些信息来决定是否选择该商品。

(1) 直接信息传递。包装设计的直接信息传递是指消费者从设计作品中通过设计符号可以直接获得的设计信息，如文字符号，可以帮助消费者很快断定产品的名称、净含量、使用说明、储存方法等重要信息，可参考图1.24和图1.25。

（2）间接信息传递。包装设计的间接信息传递是指消费者从设计作品中通过图形、色彩等设计符号获得关于产品的间接信息。由于受到年龄、性别、地域、文化教育程度等因素的影响，消费者对于图形符号、色彩符号的理解因人而异。因此图形、色彩成为帮助消费者了解商品的间接渠道，它们以间接方式完成信息传递。可参考图1.26和图1.27。

二、方便使用、利于流通

很多的产品由于性质的原因，将其从一个地方搬到另一个地方若没有包装是无法实现的，如牙膏或钉子放在纸盒内可以很容易在库房里搬动，酱菜和洗衣粉若不包装就无法销售到居民家中，因此只有通过包装，消费者采购和带回家才非常方便。可参考图1.28~图1.31。

三、创造商机、促进销售

包装设计能促进产品的销售，特别是在自选商店里更是如此。在商店里，包装是吸引顾客注意力的第一视觉要素，能把顾客的注意力转化为购买的冲动，还能使没有原始购买冲动的顾客产生购买欲望，制造出一定的商机。有人认为，“每个包装箱都是一幅广告牌”，好的包装能够提高新产品的吸引力，包装本身的价值也能引起消费者购买某种产品的动机。此外，提高包装的吸引力要比降低产品单位售价的代价要低。可参考图1.32~图1.34。

图1.26

图1.27

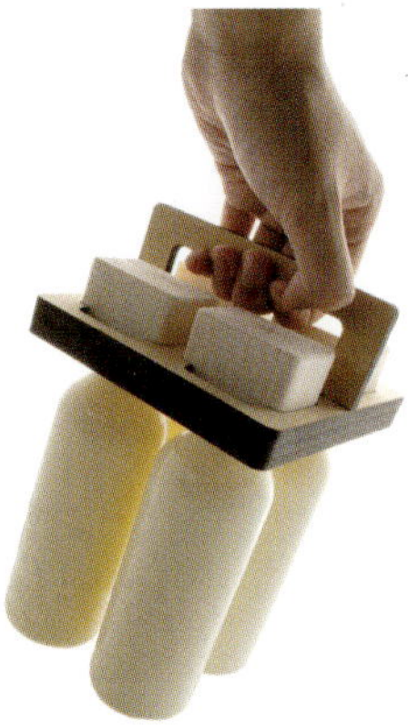

图1.28

图1.29

图1.30

图1.31

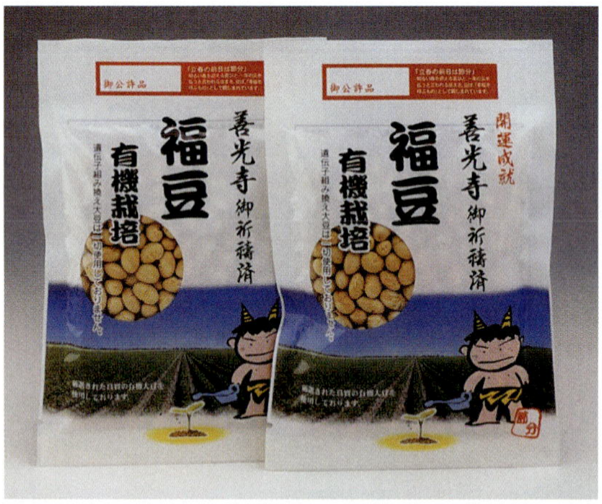

图1.32

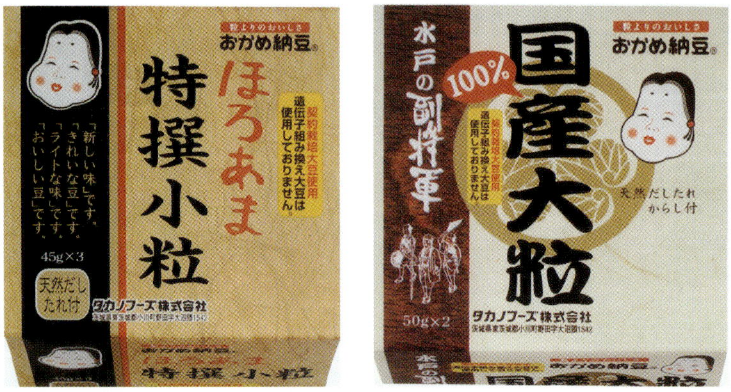

图1.33

图1.34

四、建立保护、保证安全

保护作用可以说是包装设计最重要的作用，它可以分为自用性保护和流通性保护两种。自用性保护主要是指顾客使用的安全性，保护使用者不受到产品的伤害。而流通性保护是指保护被包装的产品在储存和流通中的安全，防止风险和损坏，如渗漏、浪费、偷盗、损耗、散落、掺杂、收缩和变色等。可参考图1.35和图1.36。产品从生产出来到使用之前这段时间，保护措施是很重要的，包装如不能保护好里面的物品，设计就是失败的。

五、区别他物

随着消费者可选商品范围的不断扩大，产品竞争也愈演愈烈。竞争的加剧令商家们希望其产品能在市场中独具特色，从而与其他同类产品相区别。包装设计能够通过视觉手段传达出一件产品与众不同的地方。产品如果缺少了独具特色的包装设计，那么无论是牛奶、糕点，还是香水、化妆品和酒类等，所有品牌的商品都会看上去一模一样。可参考图1.37。

在理想状态下，如果包装设计为消费者提供了明确具体的信息以及一种可进行比较的参

图1.35

图1.36

图1.37

照点，那么就会促使顾客进行购买。无论是计划内的购买还是一时冲动的购买，产品的包装外观常常是一件产品被购买下来的唯一原因。

第四节　包装设计与品牌

一、品牌的概念

从包装设计的角度而言，品牌体现所有权的名称、标记，并且代表着对应的产品、服务、特定人群或地方。因此，产品名称、包装设计、广告设计、标志图样、制服、办公用品及建筑等，都可包含在品牌这一范畴之内。品牌的定义有赖于其在消费型社会中的存在，有赖于其所属产品的物理特征和情感内涵，如今，品牌更与消费者们的种种憧憬和渴望相联系。品牌成了一个公司得以在消费者心目中拥有独特地位的重要手段。

品牌通过孕育阶段后产生，接着成长和壮大，它们拥有各自的特点，并因此与其他同类产品相区别。通过设计，品牌明确了自己的身份，并传达出其意图和定位。对于多数消费者来说，品牌和包装设计几乎是不分彼此的。通过各种材料和结构的立体形态以及视觉元素的平面效果，包装设计塑造了品牌的形象，并且在消费者和产品之间建立起一种联系。包装设计以可视化的方式表明了品牌的承诺，品牌承诺是经营者或生产商对该产品及其宣称的性能所做的保证或担保。在包装设计中，品牌承诺是通过品牌标识传达出来的。品牌承诺的兑现是赢得消费者忠诚感并确保一件产品在货架上取得骄人销售成绩的关键。当品牌承诺无法兑现时，不仅这种品牌及其生产商的信誉度会大打折扣，而且也会因此失去消费者。

从市场营销的角度看，包装设计与产品的种种联系从有形的实体结构和视觉标识到无形的情感联系，已经深深影响到了品牌的合理地位和可靠感。消费者对品牌的认同感就是一个品牌最宝贵的资产。由于消费者对品牌的感觉往往与包装紧密联系在一起，因此组成品牌标识的各种元素也就成了无价之宝。当一个品牌对产品的各种性能做出许诺，并对产品的质量和价值做出保证的时候，这个品牌就是在建立它的品牌资产。

对于老品牌来说，图标、图画、色彩、结构及印刷排版就是包装设计中可构成一家公司品牌资产的视觉元素。对于在市场中资历尚浅的新品牌而言，也就不存在可以作为基础的品牌资产，于是包装设计的任务就是在消费者眼中构建新产品的形象。可参考图1.38~图1.43。

图1.38

图1.39

图1.40

图1.41

图1.42

图1.43

二、包装设计对品牌的影响

品牌承诺及产品在人们心目中的价值，会受到下列包装失误的负面影响：

(1) 包装结构的不合理导致产品包装不便分拆和开启，影响包装的正常工作。

(2) 字体设计给阅读造成障碍，使人难以读出产品名称或者该名称的含义令人费解。例如，包装设计上的文本信息模糊不清，或者无法清楚说明产品的功能用途。

(3) 包装使人觉得该产品优于其同类竞争者，但实际上该产品却不如其他产品。例如，令人食欲大增的美味食品画面与包装内产品的实际外观毫无相似之处。

(4) 过于精致的包装会让人感觉太过昂贵，导致消费者放弃选择这种产品。例如，采用新式纸张、毫无必要的压膜、烫金烫银或者其他装饰方法的初衷是为了给顾客留下深刻印象，但却反而被消费者视为华而不实。

(5) 质量低劣的包装会让人觉得该产品是质量低劣的便宜货。例如，包装设计所采用的材料不能正确反映出该产品的质量、价格和个性特征。

(6) 产品的包装设计与竞争对手的包装设计太过相似，以致在市场中造成混淆。

(7) 包装上未能正确显示有关产品的内容说明，例如净重。

(8) 品牌标识中的各元素与包装结构不成比例。

(9) 包装上包含了自相矛盾、夸大其词、有失准当的声明或图像。

第二章　包装设计的战略思考

包装设计是一个系统的工程，需要经过科学的、有序的程序和方法才能获得成功的包装，才能在产品投放市场的时候获得最大的收益。如何准确地定位产品的包装策略？如何通过包装成功地诠释和表现产品？如何将包装设计与企业营销理念完美结合？这些都是设计师必须了解的问题，只有把握这些关键点，才能在进行设计时游刃有余。

第一节　前期市场调研

做包装设计并不是拿到产品就开始考虑如何进行外观造型、色彩选择、图案设计等，而是首先要了解产品的特点、销售对象、销售地点，并针对性地进行市场调查研究。只有分析了调研资料后，才能在提炼出的结果中进行战略性的定位思考等后续步骤。

一、确定调研目的

任何调研都不是盲目的，进行包装设计也是一样，通常需要根据产品与包装在市场营销方面的各种需求与性质来确定调研的目的。

对于新产品的初次包装设计，调研的重点是抓住新产品在社会生活中的地位、使用价值、发展走向等，调研的目的是使新产品包装推向市场后，能获得成功的可能性。

对于二次包装设计，即改良性的包装设计，调研的重点必定是抓住“为什么要进行产品包装的改良”这个问题，然后具体的调研目的定位在了解与原产品有竞争性的产品的总体情况上。

二、明确调研内容

在调研目的确定下来后，就要思考调研的内容了。包装设计调研的内容分为两部分：一是明确调研方案的内容，二是明确包装设计相关信息需要调查的具体内容。

调研方案的内容包括确定调研的类型、资料收集的手段、调研对象、调查问卷的设计等。其中，调研的类型有探索性调研、描述性调研、因果性调研等；资料收集的手段可以是电话访问、网络问卷、入户访问、焦点小组等；调查问卷设计的类型也分很多种类，如网络问卷的设计、期刊问卷的设计、一般问卷的设计等。

明确包装设计相关信息调查的内容可以根据调研目的来开展，一般包括市场的基本情况、各产品的品牌调研、品牌产品价格调研、购买方式调研、各品牌产品的包装形象调研，等等。

三、设计调研方案

调研方案的设计是在结合前面调研目的、调研内容的前提下进行的整个调研的流程细节的设计。调研方案是个具体的任务，涉及确定调研人员、调研地点、调研时间、调研的具体行动步骤等。调研方案在整个调研过程中最具有指导性，完善的调研方案能帮助调研人员轻松完成调研，也能帮助包装设计人员准确获得需要的信息。

四、实施调研过程

调研过程的实施就是将调研方案付诸行动的过程，按照前期所有的方案和计划按部就班地进行下去。实施调研如果没有产品生产企业的支持，而需要设计师自己去完成的话，在时间和经费上必然受到约束，这时，设计师可以自行选择一些操作性较强的方法来进行调研，如方便的调研表格，利用问答和选择来获取自己需要的信息；或者采用自行观察的调研方式，这里指的是设计师从设计的角度出发，对包装市场上的信息进行收集、筛选。

市场研究报告可提供的信息有如下几种：

（1）有关该公司和该品牌的背景信息；

（2）该设计项目的性质和范围（产品特性）；

（3）市场调研（趋势及竞争情况）；

（4）目标市场；

（5）时间表；

（6）预算和成本问题；

（7）生产中的各项问题及限制因素；

（8）相关的管理规定；

（9）各项环保政策。

五、分析调研结果

通过有针对性地进行市场调研，设计师可以掌握较为全面的信息，包括产品自身的、同类产品的、消费者的、市场上的众多所需信息，并在这些信息资料的基础上进行总结分析，根据实际需要撰写调研报告，同时提出包装设计的思维线索和观点。

调研报告的观点要明确，所提出的观点要和收集的材料基础相一致，内容要简明扼要，且有针对性，对需要解决的重难点问题要给予充分地分析和解答。最终的调研报告结果要能有效地帮助设计师完成产品的包装设计。

第二节 包装设计的战略定位

一、包装设计定位对象

包装设计中首先要解决的是针对哪个对象进行包装装潢，即是指从某一角度采用某种形式和手法，恰当地对一件商品的包装进行装潢设计。主要包括：谁生产的产品?是什么产品?为谁生产产品?对应于这三点，包装的对象总体上可分为品牌、产品、消费者三方面。

1. 品牌

品牌是指一个名称、名词、符号或设计，或者是它们的组合，它的目的是识别某个销售者或某群销售者的产品或劳务，并使之同竞争对手的产品和劳务区别开来，也就是用来诠释“谁生产的产品”。

2. 产品

产品包括其本质属性和特点，例如材料、功用、结构等，主要是用来诠释“是什么产品”。

3. 消费对象

消费对象显而易见是购买这个产品的人群。老人、小孩还是中年人？高学历、高素质人群，还是一般普通民众？也就是用来诠释“为谁生产产品”。

图2.1

图2.2

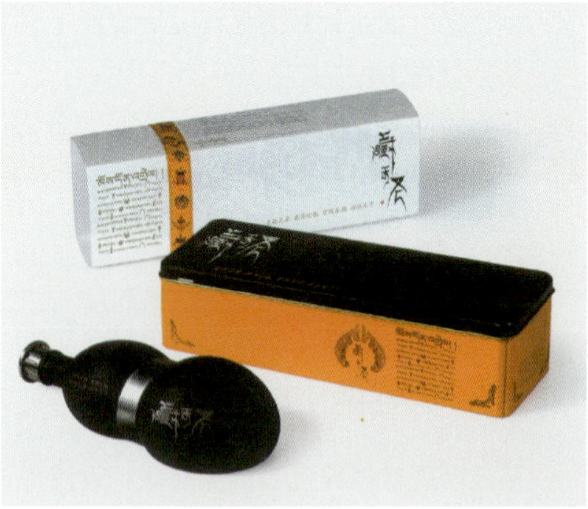

图2.3

二、设计定位战略

如何完成设计定位呢？首先，在前期调研分析的基础上，找准三个对象的相关信息和联系要点，然后，在准确把握市场、确定消费群体和了解产品及其包装需求后，制定出一套完备的设计策略。下面针对这三个对象，具体说明如何从这三个角度来制定设计定位的战略。

1. 品牌定位

品牌是一个企业的标志，从外表上看只不过是企业Logo本身，但其中却蕴含着企业诉求、企业文化、企业理念等，是个综合概念。品牌定位的策略必须考虑以下三点：

（1）展现产品特性。品牌设计的效果一般和产品的特性相关联，若能很好地将品牌Logo的视觉传达效果展现在包装中，就能让人一目了然地了解产品的特性。

（2）呈现厂家信息。有很多产品生产企业以本企业名为品牌命名，如青岛海尔电器集团公司的产品均以“海尔”命名。若能将产品生产企业的企业理念、企业文化和企业诉求通过品牌体现出来，就能使品牌在市场上展现独一无二性，使消费者能全方位了解产品、体味企业。

（3）方便消费者识别。将具有自身特色的品牌图形和符号用在包装设计中，能给消费者留下深刻印象，易于和其他产品相区别。

但值得注意的是，在制定定位策略时，上述三点在同一品牌中不一定能同时体现出来，这也是在进行品牌定位策略时需要考虑的问题。而且在品牌定位中，对于品牌的本体及其延伸都要认真思考，尽量通过一些形象化的方式，将品牌含义赋予设计中，体现产品的独一无二性。可参考图2.1~图2.3。

2. 产品定位

产品是包装设计的主体对象，包装设计都是围绕产品的方方面面展开的，在进行产品定位的策略思考时应注意如下五点：

（1）区分产品种类。不同的产品有不同的外在和内在区别，在纷繁的产品品种中，通过包装设计将其一一区分，哪怕是品种差异性很微小的产品，也应通过包装使消费者能够方便地区别开来。如哈根达斯冰淇淋，有红糖冰淇淋、香草豆冰淇淋、牛奶巧克力冰淇淋、咖啡冰淇淋、西番莲冰淇淋等，各种口味的冰淇淋在包装中要予以区分，才能让消费者很轻松地找到自己想要的口味。可参考图2.4~图2.6。

（2）标明产品用途。食品有不同的口味和性质，工具有不同的用途，这些都必须在包装中得到确认，如药酒不同于葡萄酒，意大利面的煮食方法不同于一般碱面。可参考图2.7~图2.9。

（3）突出产品特色。产品特色不仅是产品占领市场的有力武器，也是使产品具有强大生

图2.4

图2.5

图2.6

图2.7

图2.8

图2.9

命力的关键，应当突出该产品与众不同的地方，比如，是口味特殊，还是作用特殊？如方便面就应该突出其“方便”。可参考图2.10和图2.11。

（4）呈现质量档次。针对不同的消费群体，产品有高、中、低各种档次，其质量也各有不同。包装设计针对不同档次产品的要求也各不相同，低档的商品没必要用奢华的包装，而高档的商品则必须通过适当的包装效果呈现出其产品的高品位，以便表里如一。可参考图2.12~图2.15。

图2.10

图2.11

图2.12

图2.13

图2.14

图2.15

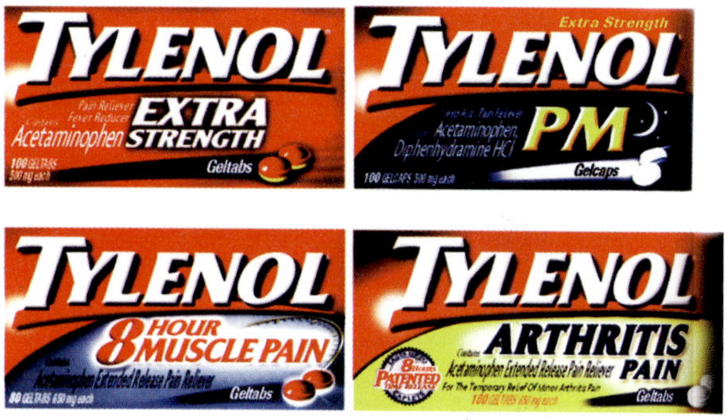

图2.16

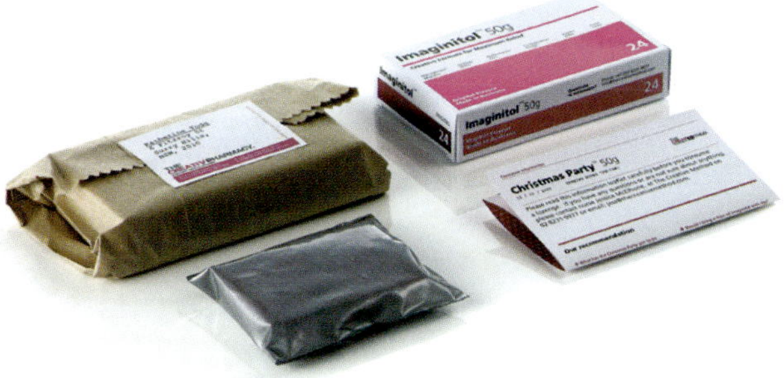

图2.17

图2.18

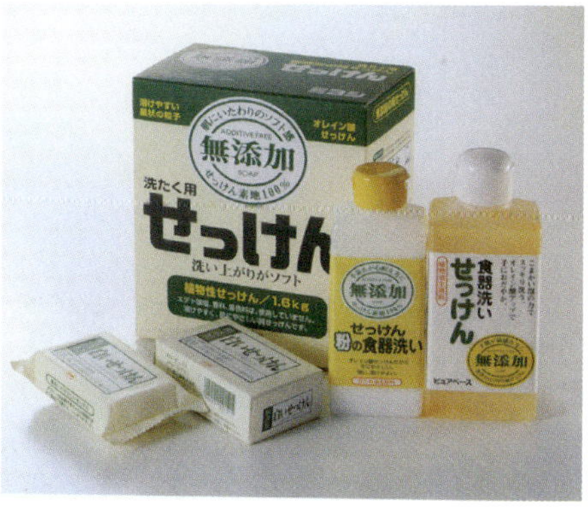

图2.19

图2.20

（5）说明使用方法。不同产品的使用方法也不一样，如食品，有煮食、冲食、炸食、即食等；又如药品，有饭前服、饭后服、每隔8小时服、每隔12小时服等，都需要有详细说明，而对于工具产品就更不用说了，只有说明了使用方法，消费者才能有效正确地使用，以发挥其作用。可参考图2.16和图2.17。

3. 消费对象定位

消费对象是产品投放市场所面向的人群，也就是产品给哪些人使用的。群体的因素很复杂，在进行设计定位时必须要准确把握，否则若产品面向人群与包装呈现的效果不一致，就会影响销售。这里主要介绍以下几个方面供设计者在定位时参考：

（1）消费的群体对象。产品消费对象的性别、年龄、职业、文化等不同，对产品的需求也不一样，如婴幼儿和成人、小学生和大学生、男人和女人等的需求就有很大区别。

（2）家庭构成区别。家庭构成有大有小，对产品的需求也不同，产品需要针对家庭的组成及其比例来生产，如五口之家和两口之家的需求就有很大区别。

（3）心理因素不同。心理因素在时下最受设计界重视，设计心理学如今在设计中被考虑得更为细致周到，心理因素对产品的销售也有很大影响。

包装设计针对的对象很丰富，涵盖的内容也很多，在设计时无法一一列举和全面呈现，这就需要包装设计者抓住重点，突出某些要素，充分体现产品的优势。例如，若是知名品牌，其产品应着重在品牌定位上下工夫；若是具有民族特色的产品，则应以产品定位为佳。可参考图2.18~图2.23。

图2.21

图2.22

图2.23

第三节　包装设计的创意思维与表现

创意与表现也就是考虑表现什么和如何表现的问题，要解决这两个问题，就要从表现重点与表现手法两方面来进行创意思维。表现重点是攻击目标、是突破口，表现手法则是战术、是武器。

一、表现的重点

包装设计表现的重点是指表现内容的集中点与视觉语言的冲击点。包装设计的画面是有限的，归因于其设计对象在空间上的局限性；同时，产品要在很短的时间内为消费者所认可，这又是时间的局限。由于时间与空间的局限，我们不可能在包装上做到面面俱到、一应俱全，如果方方面面都尽力去表现，也就等于什么都没表现，不仅重点不突出，还会使创意失去价值。在设计时只有把握住要表现的重点，在有限的时间与空间里去打动消费者，才能形成一个完整而成功的包装设计。

1. 重点展示品牌

针对大型公司和知名度很高的企业，在进行包装设计理念创意时，其表现的重点就应该紧抓住品牌第一位的设计意识。品牌已有的关注度会给企业带来很多益处，构思时重点表现该企业的商标和品牌是该类产品包装设计的切入点。可参考图2.24和图2.25。

2. 重点表现产品

针对有某种特殊功能用途的产品或者新产品的包装，则应该将包装设计创意和表现的重点放在产品本身上，展示产品的特殊之处，如新的外观和功能、特殊的使用方法，等等。有些饮料包装会用巧妙的瓶盖设计来与其他产品相区别。可参考图2.26和图2.27。

3. 重点表现消费群体

产品最终是要给消费者使用的，特别是那些对使用者针对性强的产品，其包装应以消费者为表现的重点。这样，包装才能有的放矢地针对消费者的需求去设计，通过包装设计使产品占领其细分市场。可参考图2.28~图2.30。

在进行产品包装设计时，只有重点突出了，才能让消费者在最短时间内了解产品，产生购买欲望。总之，不论如何表现，包装设计的创意思维都要抓住重点，都要传达出明确的内容和信息。

图2.24

图2.25

图2.26

图2.27

图2.28

图2.29

图2.30

图2.31

图2.32

图2.33

图2.34

图2.35

二、表现形式

包装设计首先在创意上抓住了重点，接下来用什么样的手法去表现这些重点也是非常重要的环节，也就是我们所说的应想方设法去表现产品（内容物）或其某种特点。因为任何事物都必然具有一定的特殊性及与其他事物具有一定的相关性，所以我们若要表现一种事物，表现某一个对象，就有两种基本方法：一是直接表现对象的一定特征，二是间接地借助于和该对象有关的其他事物来表现该事物。前者称为直接表现或直叙法，后者称为间接表现或借助表现法。

1. 直接表现法

直接表现是指表现的重点是内容物本身，包括表现其外观形态或用途、用法等。下面介绍几种最常用的直接表现法：

（1）摄影的表现手法。直接通过将彩色或黑白的摄影图片使用到包装设计中。很多食品包装常采用此类表现方法。可参考图2.31~图2.34。

（2）绘画的表现手法。绘画可以采用写实的手法、归纳的手法及夸张的手法来表现。其中，归纳的手法是对主体形象加以简化处理，对于形体特征较为明显的主体，经过归纳概括，使主体形象的主要特征更加清晰。可参考图2.35和图2.36。

（3）包装盒开窗的手法。开窗的表现手法能够直接向消费者展露出商品的形象、色彩、品种、数量及质地等，使消费者从心理上产生对商品放心、信任的感觉。开窗的形式及部位可以是多种多样、不拘一格的，可借用透明处呈现出的产品形态来结合包装，使包装有更好的视觉效果。可参考图2.37。

（4）透明包装手法。采用透明包装材料（或与不透明包装材料相结合）对商品进行包装，以便向消费者直接展示商品，其效果及作用与开窗式包装基本相同。食品的包装设计中采用此类方法的最多，特别是液体类饮品使用最多。可参考图2.38~图2.42。

（5）其他辅助性表现手法。除了以上介绍的四种直接表现产品的手法可以独立运用外，还可以运用一些辅助性方式为其服务，可以起到烘托主体、渲染气氛、锦上添花的作用。但应切记，作为辅助性烘托主体的形象，在处理中不能够喧宾夺主。可参考图2.43和图2.44。

图2.36

图2.37

图2.38

图2.39

图2.40

图2.41

图2.42

图2.43

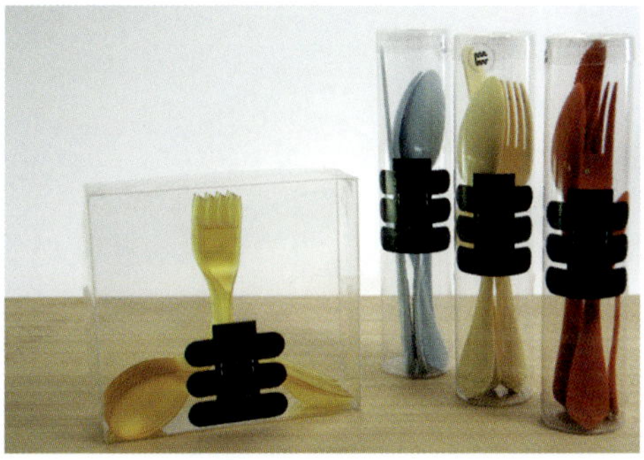
图2.44

2. 间接表现法

间接表现法是通过较为含蓄的手法来传递信息，即包装画面上不直接表现对象的本身，而采取借助其他与商品相关联的事物（如商品所使用的原料、生产工艺特点、使用对象、使用方式或商品的功能等媒介物）来间接表现该商品，在构思上往往用于表现内容物的某种属性或品牌、意念等。

有的产品无法进行直接表现，如香水、酒、洗衣粉等。这就需要用间接表现法来处理。同时许多以直接表现的产品，为了求得新颖、独特、多变的表现效果，也往往在间接表现上求新、求变。间接表现的手法包括联想法和寓意法，其中寓意法中又有比喻法和象征法。

（1）联想法。该方法是借助于某种形象符号引导消费者的认识向一定的方向集中，由消费者自己头脑中产生的联想来补充包装画面上所没有直接交代的东西，这也是一种由此及彼的表现方法。人们在观看一件产品的包装设计时，并不只是简单地视觉接受，而会产生一定的心理活动。

（2）寓意法。包括比喻、象征这两种手法，也是对不易直接表现的主题内容进行间接表现的一种方法，该方法不仅能使画面更加生动活泼，而且能丰富画面的样式，让产品更能吸引顾客。

①比喻法。比喻是借他物比此物的手法，所采用的比喻成分必须是大多数人所共同了解的具体事物、具体形象，这就要求设计者具有比较丰富的生活知识和文化修养。在我国民间传统艺术中有许多生动的例子，例如喜鹊比喻喜庆、牡丹比喻富贵、荷花比喻清明廉洁、鸳鸯比喻爱情、松鹤比喻长寿，等等，而“喜庆”、“富贵”、“清廉”、“爱情”、“长寿”等概念是无法用视觉形态直接表现出来的，但是借助形象化的动、植物等就能得到充分的体现。这是通过表现商品内在的“意”，即表现它精神属性上的某种特征来传达商品。

②象征法。该方法是比喻与联想相结合的转化，在表现的含义上更为抽象。而作为象征的媒介形象在含义的表达上应当具有一种不能加以任何变动的永久性，即具有一定性。例如长城、天安门及其门前的华表、黄河、中国传统的石狮图形等，都是中国的象征；金字塔及狮身人面像象征埃及；埃菲尔铁塔象征法国；枫叶象征加拿大；红十字象征生命和健康；白鸽与橄榄枝象征和平；等等。在象征表现中，色彩的象征性运用也很重要，例如红色象征兴奋、革命的胜利、喜庆。在包装设计中，象征法一般是以某个地区、某个国家或某种事物所特有的形象作为代表，用以表达为大多数人认同的品牌的某种含义和某种产品的抽象属性。可参考图2.45~图2.54。

3. 其他表现方式

直接表现法和间接表现法除了可以通过以上所述的手法来达到之外，还可以互相结合运用。另外，还可以采用特写的手法，即大取大舍，以局部表现整体的手法，使主体的特点得到更为集中的表现。

另外，在间接表现方式上，还有不少包装尤其是一些高档礼品包装、化妆品包装、药品包装等，往往不直接采用联想或寓意手法，而以纯装饰性的手法（即无任何含义）进行表现。采用纯装饰性的手法时，也应注意装饰的一定倾向性，用这种倾向性来引导观者的感受。

前面我们讲述了设计创意思维与表现的问题。总而言之，在回答“表现什么”和“如何表现”这两个问题中，要注意信息传达力和形象感染力这两个方面。应当再次强调，设计创意思维要从产品、消费者和销售三个方面加以全面推敲研究，使设计最后达到良好的识别性、强大的吸引力和说服力,即具有清晰突出的视觉效果、明朗准确的内容表达和严肃可信的产品质量感受，这是包装设计的最终目的。可参考图2.55~图2.60。

图2.45

图2.46

图2.47

图2.48

图2.49

图2.50

图2.51

图2.52

图2.53

图2.54

图2.55

图2.56

图2.57

图2.58

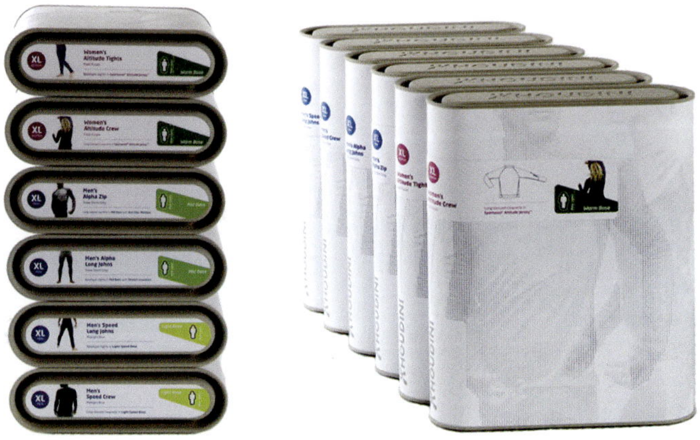

图2.59

图2.60

第四节 包装设计与企业营销战略

产品的包装设计是与企业的营销战略紧密相关的，企业营销战略引领包装设计策略，包装设计的最终效果会直接影响企业营销战略的成败。企业要想通过包装设计来获得产品市场营销的成功，就必须确定一个既理性又感性、既富有创意又合理的包装设计策略。这种策略是一种具有战略眼光的设计策略，它具有前瞻性、目的性、针对性、功利性，当然也有局限性。符合市场营销战略的包装设计策略才是成功包装设计的最核心、最本质的因素。下面从五个方面出发，讲述在企业营销策略基础上应如何准确地把握包装设计的精髓，进行有针对性的包装设计。

1. 产品外形差异化战略

外形是产品最直观的属性，寻求产品在外观造型和包装结构设计等方面的差异性，可以使产品在突出自身特色的同时，从众多产品里获得第一被关注度，这样就能在市场营销中把握住先机。特别是针对同类型的产品，在产品功能相同的情况下，消费者对外形的心理需求最先得到满足的产品将会优先被选择。可参考图2.61~图2.65。

图2.61

图2.62

图2.63

图2.64

图2.65

图2.66

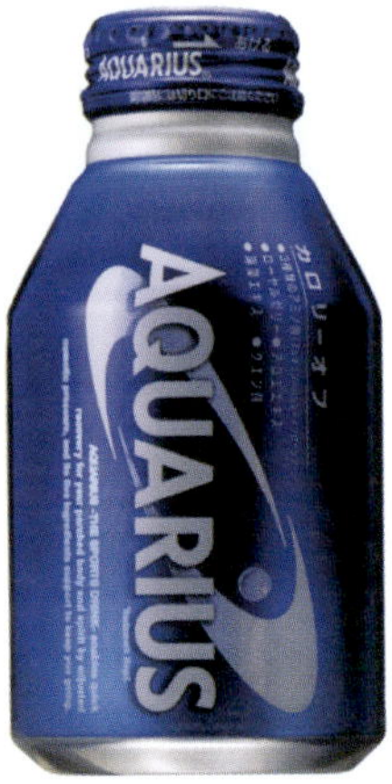

图2.67

图2.68

图2.69

2. 产品性能差异化战略

功能是消费者购买产品时最关心的因素，对产品功能即性能的研究是使品牌走向市场、走向消费者的第一前提。该策略的关键就是要找出同类产品所不具有的独特性能，以此作为包装创意设计重点。有些同类产品质量相当，各自的表达方式也很接近，于是要突出与众不同的特点，在设计时就不能放过任何微小的特点。可参考图2.66~图2.69。

3. 产品价格差异化战略

在市场竞争日益激烈的今天，价格战也成了商家争夺市场的手段。价格必然成为产品销售的一个重要因素。日本学者仁科贞文认为："一般人难以正确评价商品的质量时，常常把价格高低当做评价质量优劣的尺度。在这种情况下确定价格会决定品牌的档次，也影响到对其他特性的评价。"然而，价格也不是随意规定的，会受到市场的影响，产品自身的功效、特性以及目标消费群体、相关同类产品的市场定位都是影响价格的因素。既然价格差异化策略的目的是为了促销、增加利润，那么在进行包装设计时，必须考虑到与产品和市场相匹配。

4. 品牌形象策略

品牌形象是在竞争中的一种产品或服务差异化含义的联想的集合。随着经济的不断发展，任何一种畅销的产品都会迅速导致大量企业蜂拥同一市场，产品之间可识别的差异变得越来越模糊，产品使用价值的差别也越发显得微不足道，如果这时企业还一味强调产品的自身特点，强调细微的产品差异性的话，消费者是不认可的。相反，产品的品牌形象却日趋重要，此时品牌形象成为了企业营销策略的重点关注对象。在品牌形象策略中，一是强调品牌的商标或企业的标志为主体，二是强调包装的系列化以突出其品牌化。系列化包装由于CIS的导入而产生了质的飞跃，它不仅是用一种统一的形式、统一的配色、统一的形象来规范那些造型各异、用途不一又相互关联的产品，而且它还是企业经营理念的视觉延伸，使商品的信息价值有了前所未有的传播力。塑造产品的品牌形象实际上是对产品的第二次投资，是对产品附加值的提升。可参考图2.70和图2.71。

5. 产品销售差异化战略

产品销售差异化战略主要是指找寻产品在销售对象、销售目标、销售方式等方面的差异性。产品的社会阶层定位，也就是主要针对哪些层次的消费群体，消费对象是男人还是女人，是青年、儿童还是老人，以及不同的文化、不同的社会地位、不同的生活习惯、不同的心理需求，产品的销售区域、销售范围、销售方式等，都影响和制约着包装设计的方方面面。儿童用品主要的消费群体是儿童，但购买对象除了目标消费群体以外，最主要的购买群体是他们的父母和长辈，因此在进行包装设计的时候除了在图形、色彩、文字、编排上考虑儿童的喜好外，还要考虑其父母和长辈望子成龙的心理。因此有些商品在包装上印一些富有知识或有情趣的小故事，虽然这些内容和产品并不是很相干，但切中了父母们关注孩子智力发展的心理。从销售方式上看，差异化主要体现在销售渠道和销售方式，不同的产品在不同的时期、不同的环境、不同的季节都会采用不同的销售方式和目标。可参考图2.72~图2.77。

包装设计与企业营销策略的综合考虑不是单一的，在不同的环境下可能用到一个乃至多个策略，只有根据实际的情况，在设计构思时因地制宜和综合考虑，才能形成具有竞争力的包装设计策略体系，才能成功地指导包装和促进产品的市场营销。

图2.70

图2.71

图2.72

图2.73

图2.74

图2.75

图2.76

图2.77

第三章 包装视觉形象设计的创意思维与表现

包装设计中主要的视觉形象表达元素有文字、图形、色彩、材质等，其中，文字符号以直观、明确、简练的表现手法对商品信息起着最直接的说明作用，图形、色彩是文字符号的有效补充，它们在包装设计的信息传递中扮演着间接信息传递的角色，而材质是产品包装的物质基础，其他设计元素都是在材质上下工夫来呈现视觉效果的。这些视觉形象表达元素通过各自不同的表现形式向消费者传递清晰、完整的设计信息，使包装到达最佳的视觉感召力。

第一节 包装文字的创意思维与表现

一、包装设计中使用文字的分类

文字的种类繁多，根据不同的分类方法其归类也就不同，本书就从考虑最多的功能性上来划分，主要分为两大类：一类是装饰性文字，另一类是应用性文字。

1. 装饰性文字

装饰性文字在包装设计中主要是以“既是字，又是画”的形式存在的，其文字在包装设计中几乎没有实际意义，它的主要作用就是作为一种图形纹案装饰商品包装的画面，从而达到吸引消费者目光的目的。它常常以暗纹或底图的形式出现，或完整、或残缺，字体风格多样，组成形式不一。这种美术字体是经过专门设计装饰后变化了的符号，它已成为具有审美性与实用性的图形式样，这种图形方式的展示使文字的表述功能被削弱甚至隐藏，更强调图形的形式意义。因此，装饰性文字既有文字信息传达的效率性和直观性，又具有图形的丰富性和生动性，不仅增强了设计的趣味，强化了包装的定位，也改变了文字所惯用的形式，加深了人们对此类设计的记忆。可参考图3.1~图3.3。

2. 应用性文字

应用性文字在包装设计中的主要作用是代替生产商向消费者说明商品的一些重要信息。应用性文字一般应包括以下三个方面的内容：

（1）主体文字：主要包括商品品牌、商品名称以及企业名称。它们一般安排在商品包装的主要展示面上，企业名称有时也可编排在包装背面或侧面。这类文字的字体设计一般要求具有个性和美感，有利于消费者的识别记忆，有助于消费者对产品的区分和树立产品、企业形象等。

（2）资料文字：一般指产品的型号、规格、容量、成分、用途以及注意事项等具体内容。此类文字多安排在包装的侧面和背面，有时也会出现在包装的内部(如以产品说明书等形式出现)。文字内容要求简明扼要，多采用印刷字体。其风格、格式应与包装的整体设计形式和谐一致。

（3）广告文字：主要是向大众强调商品内容物特点和优点的文字，其内容和形式应做到形象、贴切、简洁、生动，切忌欺骗与啰唆。它的编排部位与编排形式灵活多变，以引发消费者关注并使其产生强烈印象为主要目的。可参考图3.4~图3.9。

图3.1

图3.2

图3.3

图3.4

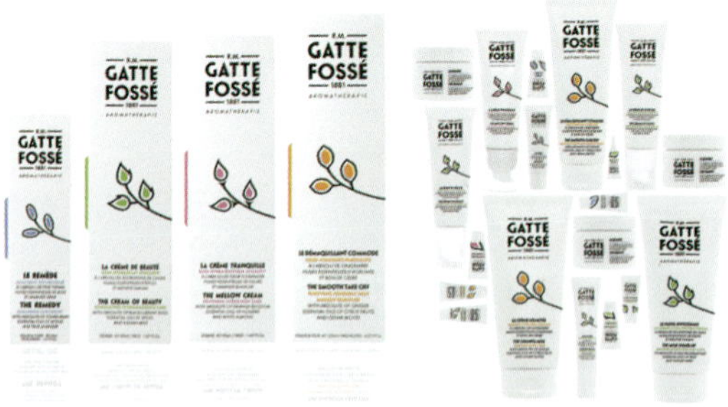

图3.5

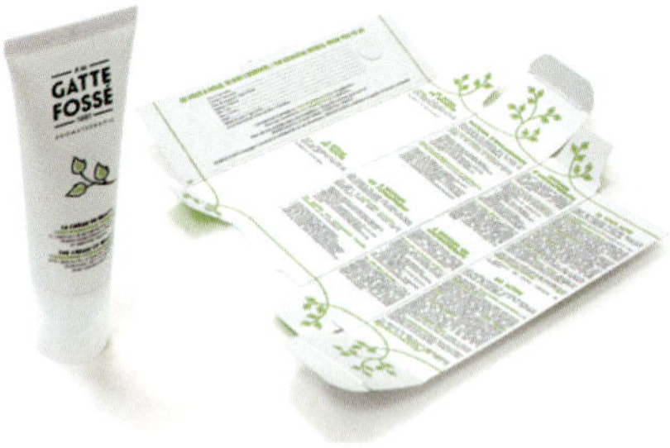

图3.6

图3.7

图3.8

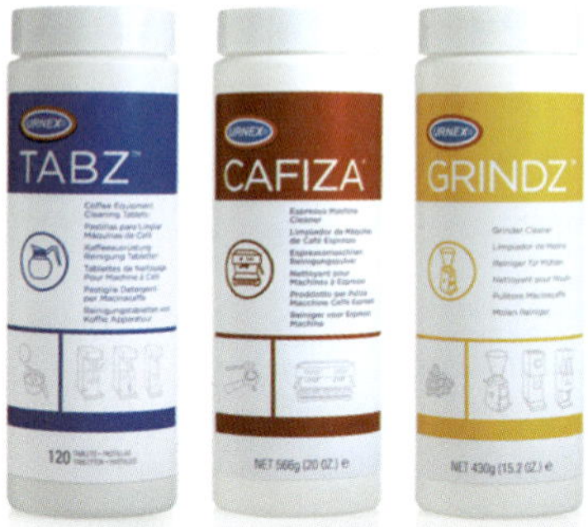

图3.9

二、包装文字创意设计的原则

适用于其他印刷媒介物的文字版式规则并不一定适用于包装设计中的文字版式。包装设计文字版式的用途是在一个三维立体媒介上传达营销信息，并且总是首先来自不同文化、不同身份、不同年龄的人们在一段时间内、在一段距离之外观看，适用其中的文字版式原则上应服从于每项设计任务的具体情况。与二维平面的宣传形式和杂志、书籍等不同，包装设计版面编排总是由包装形状及大小、产品说明、同类竞争、零售环境、货架上的位置和规定性要求在内的诸多因素决定的。

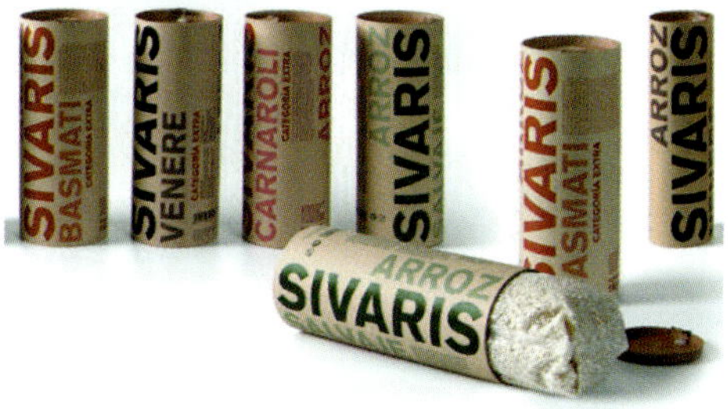

图3.10

图3.11

图3.12

图3.13

图3.14

图3.15

以下基本原则为包装设计中的文字版式安排提供了基本框架:

1. 限定字体种类

一个设计概念到底需要多少种字体来传达?对此问题,设计师要做谨慎考虑。对于包装设计中的主要展示版面而言,通常最多采用三种字体。有时候由于所需文本的数量太多,很难对字体种类加以限定,在这种情况下,最好采用那些在同一字体家族内有多种风格选择的字体,这样就能使外观保持清爽一致,使传达的信息始终具有统一感。可参考图3.10~图3.12。

2. 既要突出个性又要保证易读性

不论包装上文字做怎样的变化与设计,都必须保证文字的可读性和易读性。因此,在字体设计时,要保证字体的书写规律,只在局部做夸张、变形、替代等变化,以保证文字的易识读性。在进行装饰处理时也要注意装饰的普及性,装饰的手法要鲜明,让消费者在短时间内一眼认出。产品包装文字要醒目,并且要有令消费者回忆的价值,使用独具个性的字体设计是商品包装区别于其他商品的必要措施,同时也是塑造产品品牌形象的一个重要组成部分。可参考图3.13~图3.15。

3. 结合产品特点、体现产品属性

包装文字设计一定要结合产品自身特点,因为包装文字是为介绍产品、美化包装、宣传产品而选用的。文字的艺术形象不仅应有感染力，而且要能引起联想，并使这种联想与产品形式和内容取得协调，产生统一的美感。不同的产品有着各自的特点和属性，而产品包装不同，其文字设计表现的方式也不同，会给人不同的心理感受和情感印象。因此，在进行包装文字设计时，要注意产品同文字设计在风格、气韵上的吻合，以及意向上的默契，使包装上的文字设计突出商品形象，突出商品的物质属性和文化特征，做到形式与内容统一。可参考图3.16~图3.18。

4. 创建版面层次

版面层次即视觉信息的布置安排，提供了如何按照重要性依次阅读信息的框架。消费者需要在匆匆一瞥间明白他们要从一件商品的包装设计中得到什么。所以,设计师要根据重要性排列各种文字信息，创造出符合视觉传达目标的版面层次。将相关条目归集到一处，同时增大不相关条目间的距离，通过这种方式，可以创造出层次效果。而当汇聚在一起时，若干词汇就会被视为一个整体单位。各种文字元素的位置安排要考虑它们的相互关系是直接相关、间接相关，还是毫无瓜葛。可参考图3.19和图3.20。

5. 设计编排多样化

在包装文字的设计排列上，应采用多样化的形式和丰富的变化。字体排列是构图的重要

图3.16

图3.17

图3.18

图3.19

图3.20

图3.21

图3.22

图3.23

图3.24

图3.25

方面，排列多样化可使构图新颖、富于变化。包装文字的排列可以从不同方向、位置、大小等方面进行考虑，常见的排列有：竖排、横排、圆排、斜排、跳动排、渐变排、重复排、交叉排、阶梯排等多种形式。排列多样化应服从于整体，应使文字与商标、图案等互相协调、雅俗共赏，既有新意又符合大众习惯。可参考图3.21~图3.23。

6. 字体使用保持一致性

只有在个性、风格、布置和层次等方面保持字体使用的一致性，才能使一个品牌家族或者一系列产品体现出整体感，进而在货架上占据显赫地位。此外，保持字体使用的一致性还会有助于建立品牌资产，因为消费者会逐渐把这种字体风格和品牌联系在一起。可参考图3.24和图3.25。

三、包装文字表现技巧

字体作为视觉要素，在包装设计中的地位极其重要，它不但是承载、传达各种字体信息的主要角色，而且其自身的视觉形象也是一种重要的装饰与传达媒体。因此，对字体种类的了解有助于设计师发现不同文字式样的异同点。由于每个设计师感知各种视觉元素的背景各不

图3.26

图3.27

图3.28

图3.29

图3.30

图3.31

相同，所以非常重要的一点就是，不要让设计师的个人喜好影响到设计工作。尽管有些设计师相信设计中的创造来自于直觉感悟，但是专业设计工作不应由“我喜欢那种字体”的想法来决定。设计师应该能够对他们的设计过程以及版面设计方案做出合理解释，包装设计作品最终能够不完全受限于设计师的主观感受。

1. 字体选择技巧

包装设计中可运用的字体丰富多样，如有中文字体、外文字体、印刷体和手写体，等等。选择合适的字体不仅能很好地传达产品所赋予的信息，而且是提升包装可识别性的重要手段之一。例如，中文书法字体具有很好的表现力，体现了不同的性格特点，是包装装潢设计中的生动语言；印刷体的字形清晰易辨，在包装设计中应用更为普遍。汉字印刷体在包装中运用的主要有宋体、黑体、综艺体和圆黑体。不同的印刷体具有不同的风格，字体表达的含义丰富多彩，外在的形式能体现一种内在的感受。例如，细线构成的字体容易使人联想到香水、化妆品之类的产品；圆厚柔滑的字体常用于表现食品、饮料、洗涤用品等；浑厚粗实的字体则常用于表现企业的实力强劲；有棱角的字体则常用来展示产品个性，等等。

现在，电脑字库里的装饰字体越来越丰富，装饰字体越来越富有表现力，适度的应用可以创造丰富的视觉效果，但也容易显得时髦、花哨或者过分矫饰，因此使用时要谨慎。除了字体本身的属性能影响字体的选择外，商品的性质也影响着字体的选择。因此，应针对不同的商品内容有效地选择字体。可参考图3.26~图3.31。

2. 文字编排设计技巧

文字的编排处理是除字体设计以外，形成包装形象的又一重要因素。编排处理不仅要注意字与字的关系，而且要注意行与行、组与组的关系。包装上的文字编排是在不同方向、不同位置、不同大小的面上进行整体考虑。因此，在形式上可以产生比一般书籍包装和广告文字编排更为多样的变化。

包装文字编排设计的基本要求是根据内容物的属性、文字本身的主次，从整体出发，把握编排重点。所谓重点，不一定指某一局部，也可以是编排整体形象的一种趋势或特色。在编排中除了注意粗细、字距、面积的调整外，行距与字距要有明显的区别，但针对有装饰变化的文字关系则可以灵活多变。

虽然多数电脑程序都有内置的字符间距调整系统，但是这种自动调整的间距并不能完全达到赏心悦目的效果，或者说并不总是最完美的间距安排。在绘图软件中，设计师可以手动调整字符的间距，进而确定最恰当的字符间距；认真研究每个字句，然后逐个解决字符间距和行间距的问题。细致地调整适当的字符间距能够提升包装的外观品质。

在文字版式的编排过程中，因中西文字的特征差别，决定了在将文字竖排的时候要谨慎。我国在古时就有竖排的传统，所以在现今的包装设计中也常看到因要表现古韵而采取的文字和字符竖排方式。但竖排文字和字符的方式并不适用于西方国家，因为这些地方的人们习惯按照水平方向进行阅读。此外，小写字母的上伸部分和下伸部分（如b和d就包含上伸部分，g就包含下伸部分）和左右不同的伸出部分（i和w）导致它们在竖放时有欠工整，进而降低了可读性。所以在将西文竖排的时候要谨慎小心。可参考图3.32~图3.37。

3. 个性品牌文字设计技巧

品牌名称和产品名称是与消费者从思想上和情感上建立联系的对象，所以其字体版式应

图3.32

图3.33

图3.34

图3.35

图3.36

图3.37

图3.38

图3.39

图3.40

该是该品牌“专有的”。要达到这种效果并不一定需要完全手工的创造和另外设计一套新字体，而在利用一种现成字体的基础上就可以对字符进行修改，设计出崭新的文字形式。无论是变更单个文字还是修改整套字体，目的就是创造一种可让人轻松联想到某种特定产品或某个特别品牌的字体设计。我们会认为一个品牌与众不同，常常是因为其专有的、独特的字体设计。品牌形象文字在包装设计的文字中运用比较灵活，具有视觉个性和吸引力。经过精心设计的字体与普通印刷字体有很大不同，它是为了展示产品品牌的个性而设计的，对笔画的形态、粗细、字间的连接与配置、统一的造型等方面都做了细致严谨的规划，与普通字体相比，更讲究细节，更具特色。

文字设计离不开包装产品属性和企业经营性质，所有的设计手段都必须为产品包装形象的核心服务。文字设计运用夸张、明暗、增减笔画形象、装饰等手法，以丰富的想象力重新构成字形，既加强文字的特征，又丰富了标准字体的内涵。同时，在设计过程中，不仅要求单个字形美观，还要使整体风格和谐统一，理念内涵一致，且具有易读性，以便于信息传播。可参考图3.38~图3.49。

四、国内外包装的文字造型

由于母语的不同，并不是所有国家的文字都是出于一个语系，因此在文字的造型设计上

图3.41

图3.42

图3.43

图3.44

图3.45

图3.46

图3.47

图3.48

图3.49

必定存在着由于字体外观和文化带来的众多差异。东方文字产生于象形图像，西方字体同样产生于象形图像，但是却和东方文字不同，西方字体是形–音对照，而不是东方的形–意结合。

1. 国内包装的文字造型

汉字起源于象形文字，它既是字，又是画，自古就有“书画同源”之说。经过长期的发展，汉字由繁到简，由具象到抽象，成为一种规范化的符号。汉字艺术的独特之处在于它的外形和内部结构，其外形为方块，但又没被完全束缚，自如的组合形成了各种不同的几何形态和不规则形态。加之点、横、竖、撇、捺等线形笔画的不同，在组合的同时使它的线形不一、方向不一、大小不一、长短不一，变化无穷，整体而统一，是极具魅力的文字。

汉字中的篆、隶、楷、行、草是典型的毛笔书法体，具有很高的审美价值和艺术特性。它们能够表达浓郁的民族特色和传统意韵。书法之所以成为独树一帜的艺术，原因在于其创作艺术遵循“从有法到无法”从“无法到有法”的法则。其实质就是将自然和生活中抽象的形象融合，创造出为人感知的视觉形象。汉字在现代设计中，俨然独辟出一个门类，成为视觉传达领域的奇葩，它是一种高度概括、高度符号化的造型艺术。它这种独特的视觉形式和象征性艺术特点，是一种经历了长期历史积淀而形成的凝练的视觉形态，长久以来被认为是中国一切造型的原本。可见，中国当代的包装设计在汉字语言的表现上还大有文章可做。将汉字的外形、结构、笔画以及布局空间做重新的构思和调整，既保留传统特色，又融入新的变化形式，打造新的汉字魅力。汉字是中国的，又应该是现代的、世界的。汉字在包装上的表现离不开对国外优秀文化的借鉴与吸收，更离不开对本民族优秀文化艺术精神的继承和改良。

现今，电脑设计让人人都可以易如反掌地在电脑上得到某一种字体，但有时显得过于单调和缺乏人情味，导致文字失去独有的个性。而通过书法家的特别创意创造出来的书法字体往往具有强烈的个性，更富有感染力。在设计个性鲜明的书法字体时，必须考虑到与商品内容的一致性，书法字体在包装设计中应用得好，对塑造产品品牌形象、刺激消费者的消费心理将起着积极的作用。

书法以独特的艺术形式对字体的产生起到的引发作用，造就了众多书法大家，他们创造的各种字体被广为流传至今。但有许多国内企业的包装设计喜好采用名人题字，这并非是一个好办法，因为名人书法风格固定，一般不会结合商品特点专门为商品本身去设计字体。

在现代包装设计中，书法特别适合于表现中国传统产品的题材，作为中国传承几千年的独有文字载体，它表现出来的独特魅力是西方艺术所无法比拟的，除了可识性以外，书法篆刻所表现出的章法与布局、墨色运用变化、黑白的虚实处理、书体的变化，无不表现出东方艺术所讲究的意境、神韵。在许多优秀包装设计中，都能感受到设计家在包装设计中对汉字造型中意韵的追求。特别是在表现茶类和酒类这样的有历史的商品中尤为突出。茶与书法的联系本质在于两者有着共同的审美联想、审美趣味和艺术特性，两者以不同的形式表现了共同的民族精神。而酒包装则通过书法艺术意境来体现酒的内涵，在包装与观者的情感交流中形成默契，使人感受到通过历史文化积淀下来的名酒之厚重与博大。人们熟悉的郎酒、西凤酒、水井坊等名酒的品牌名称都是采用中国书法形式来表现的，通过书法自由洒脱变化的笔触、字与字之间疏密排列等，让观者充分感受到书法之气与酒之气而产生出的独特的意境之美。可参考图3.50~图3.60。

2. 国外包装的文字造型

西方的文字所属的语系不止一个，一般我们所说的外文字体主要指的是拉丁文字。拉丁文字起源于图画，这与中国文字起源于象形文字相似。拉丁文字的演化经历了复杂的过程，才形成了今天风格各异的字体。拉丁文字有形体简练、规范、易于读写的特点。英文字体由

图3.50

图3.51

图3.52

图3.53

图3.54

图3.55

图3.56

图3.57

图3.58

图3.59

图3.60

26个拉丁字母组成，字体结构简单。拉丁字体从笔形特征上可以分为饰线体和无饰线体两大类型。饰线体指的是字体笔形的字脚变化装饰；无饰线体出现在19世纪初的英国广告宣传中，其笔画粗细基本相同，完全抛弃了字脚变化，十分朴实醒目。老罗马体笔画有粗细变化，字端有衬线和衬脚，字的高度和字段宽度有一定比例关系，其造型优美和谐；现代罗马体粗细线条对比强烈，字脚线细直，具有理性严肃之感。现代自由体横竖笔画粗细相同，无字脚，造型简洁有力。书法体具有书法的笔味和多姿的笔调，书写快捷，连笔比较轻松、自由、流畅。变体外文字以不同的装饰化、变异化、个性以及形象化来表达不同商品的包装，具有独特的艺术魅力。

中文字体和拉丁字体在字形特征和应用特点上有所不同，要将其和谐地组合在一起需要特别注意字体风格的和谐，比如中文字体使用有笔形特征的宋体，拉丁文字体则应选用现代体结构的饰线体；中文使用黑体，拉丁文字体则应适合选用无饰线体。另外，字体大小号也要和谐，采用字体笔画粗细相近的字体，以使字体灰度和谐统一。

不是所有外文字体都和中国文字大相径庭，日本文字就和中国文字有着深厚的渊源。日本的包装设计可以说在世界上都称得上有鲜明的本土特征，其产品包装上的文字造型设计较为讲究，同时渗透出中国汉字文化的身影。日本文字受中国文化影响很大，早在唐代，中国书法就传到日本。日本人非常喜欢中国的汉字，日本人通过反复探索和实践形成了具有日本特色的书法艺术形式。日本设计师广泛采用书法字体进行创意设计，水墨文化在商品上得到很好体现。

文字的艺术魅力在于创新，创新是一个民族进步的灵魂，更是一种文化发展的源泉。包装文字设计应该吸纳传统文化的精髓，融入先进的设计理念和现代文明，不断完善图形文字在包装设计上的创新。在立足商品特性、企业形象，放眼市场规律，抓住消费心理的前提下，提高文字的视觉冲击力和可塑性，在风格上打破文字的传统格局和设计思想上的束缚，弘扬民族文化而不墨守成规，吸收外来精华却不一味模仿，借鉴古今中外文化精粹，提高文字的独特风格和不凡的气韵，使本民族文字更具有艺术表现力，以高水准的字体形象塑造出优秀的商品包装设计。可参考图3.61~图3.75。

图3.61

图3.62

图3.63

图3.64

图3.65

图3.66

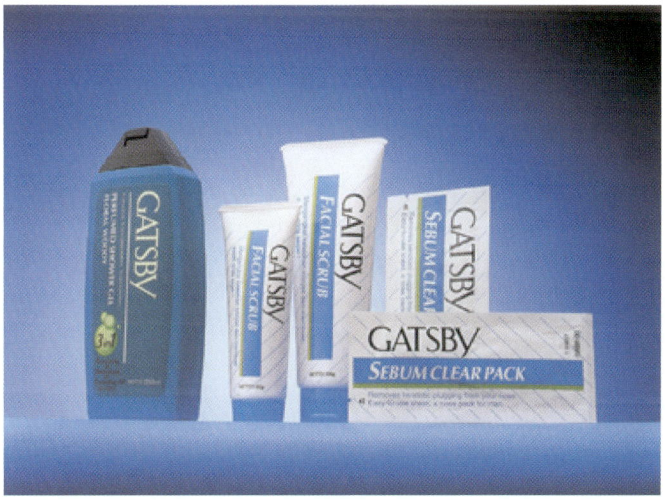

图3.67

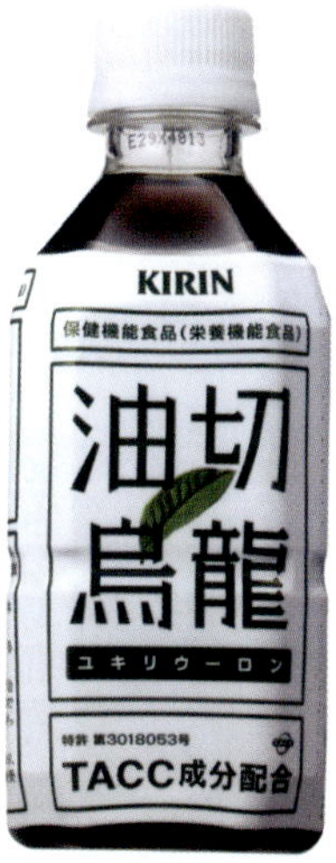

图3.68

图3.69

图3.70

图3.71

图3.72

图3.73

图3.74

图3.75

第二节　包装图形的创意思维与表现

在包装设计中，图形是消费者最感兴趣去解读和记忆的元素，它对消费者的刺激较之品牌名称而言，更具体、更强烈、更有说服力，并往往伴有即效性的购买行为。

一、包装设计中图形的传达特性及其分类

1. 图形的传达特性

(1) 直观性。文字是传播信息的形式，是记录语言的符号，如果不了解这种符号的规律，则看了也不解其意。而用图形来表达则不同，它能使不同地区的人们对于图形所载的信息一目了然。图形是一种有助于视觉传播的简单而单纯的语言，这种直观的图形仿佛真实世界的再现，具有可观性，使人们对其传达的信息的信任度超过了纯粹的语言。可参考图3.76~图3.77。

(2) 可知性。是指在商品包装设计中，图形的建立能准确地传递出被包装物的信息，使消费者可以从图形中准确地领悟到所传达的意义，而不会造成误读现象。可参考图3.78~

图3.80。

（3）情趣性。语言文字符号能准确传递信息，但是有时难免给人以生硬冰冷之感，而图形在传递信息时却以情趣性见长，使人在接受信息时处于一种非常轻松愉快的状态。商品包装中的图形可采用拟人化手法来设计以表达人情味，也可采用夸张手法将视觉形象艺术地夸大或缩小，还可通过卡通图形使商品的特征更加鲜明、更加典型且富有感情。设计师强烈的主观精神使形态得到改变，从而创造出理想中的形式美和情趣性，使消费者被图形表达出来的情趣性所吸引而产生购买欲望。可参考图3.81~图3.85。

（4）吸引性。这是包装图形设计的主要目标。图形设计的成功与否，关键看其能不能吸引消费者的注意，从而产生购买欲望。实践证实，70%外界信息是通过人的眼睛获取的，人的眼睛不仅能接受文字信息，更能直接从图形形象中获取信息。眼睛所看到的图像、感觉(信息)经过大脑整理后补充不必要的刺激，将知觉集中在图形刺激上，即产生了视觉认识的特性。在包装上影响人们视觉的因素，包括客观及主观心理。在包装图形设计中，要利用各种创意和手段产生新奇和刺激，使包装形象能迅速地渗入潜意识，促使人们从不知不觉中进入到注意、兴趣、欲望、比较、决策及购买过程中。可参考图3.86~图3.88。

（5）一致性。包装设计的目的是为了保护和促销商品。包装图形的建立与一般的平面设计有所不同，包装设计要考虑四面八方的效果。若是圆形包装的图形设计，则要考虑其连续性，以保证商品展示、陈列的需要；若是直式的包装与横式的包装的图形设计，则要使它们

图3.76

图3.77

图3.78

图3.79

图3.80

图3.81

图3.82

图3.83

图3.84

图3.85

图3.86

图3.87

图3.88

图3.89

图3.90

图3.91

图3.92

图3.93

图3.94

图3.95

图3.96

展示时产生另一种效果，使每一个包装仍然是完整的，对于系列包装图形设计，主要改变包装大小造型和结构，统一图形设计，造成既有整体性，又有视觉特性的效果。可参考图3.89和图3.90。

2. 包装设计中图形的分类

图形主要可分为具象、抽象和装饰图形三类。

(1) 具象图形。可参考图3.91~图3.96，分为以下几类：

摄影图片：摄影图片能真实地表达产品形象，色彩层次丰富，在包装上的应用日益广泛。摄影图片除写实表现外，还可以采用多种特殊处理形成多种图形效果。

写实绘画图形：摄影不能代替绘画手段。而所谓写实绘画也不是纯客观地写实，否则就不

图3.97

图3.98

图3.99

图3.100

图3.101

图3.102

图3.103

必绘画，应根据表现要求对所要表现的对象加以有所取舍的主观选择，使形象比实物更加单纯、完美。

归纳简化图形：是指在写实基础上的概括处理。归纳特征、简化层次，使对象得到更为简洁、清晰的表现。在表现方法上，点、线、面的变化可以形成多种表现效果。

夸张变化图形：这是在归纳简化基础上的变化处理，不但有所概括，还强调变形，使表现对象达到生动，幽默的艺术效果。

（2）抽象图形。是指用点形变化、线形变化和面形变化形成的没有直接含义却有间接联系的图形。抽象图形具有广阔的表现空间，在包装画面的表现上有很大的发挥潜力。抽象图形虽然没有直接的含义，但是同样可以传达一定的信息，在设计上运用这一点很重要。可参考图3.97~图3.103。

（3）装饰图形。包装对装饰图形的利用也很广泛，其中包括对传统装饰纹样的借用。在设计中要注意不宜滥用装饰纹样，而应配合内容物的属性、特色、档次适当运用。

图形除常规印刷外，还可以采用模压等特殊技术处理手段。当然，这要根据包装的成本档次及内容物的表现要求来选择。可参考图3.104~图3.108。

二、包装图形创意遵循的基本原则

包装图形区别于文字，它涵盖的元素更为广泛，图形可以由文字、色彩等多方面元素构成，因此掌握好它的设计原则尤为重要。包装设计中图形创意应遵循如下基本原则：

（1）形式与内容要表里如一、具体鲜明，一看包装即可知晓商品本身。可参考图3.109。

（2）要充分展示商品。主要采取两种方式：一是用形象逼真的彩色照片表现，真实地再现商品。这在食品包装中最为流行，如巧克力、糖果、食品罐头等，逼真的彩色照片将色、味、型表现得令人食欲大开。二是直接展示商品本身。如全透明包装、开窗包装等在食品、纺织品、轻工产品中是非常流行的。可参考图3.110和图3.111。

（3）要有具体详尽的文字说明。在包装图案上还要有关于产品的原料、配制、功效、使

图3.104

图3.105

图3.106

图3.107

图3.108

用和养护等的具体说明，必要时还应配上简洁的示意图。可参考图3.112。

（4）要强调商品形象色。不只是用透明包装或彩色照片充分表现商品本身的固有色，而还要更多地使用体现大类商品的形象色调，使消费者产生类似信号反应一样的认知反应，快速地凭色彩确知包装物的内容。可参考图3.113。

（5）要注意功效设计。可参考图3.114和图3.115。包装图案中的功效设计主要表现在以下方面：

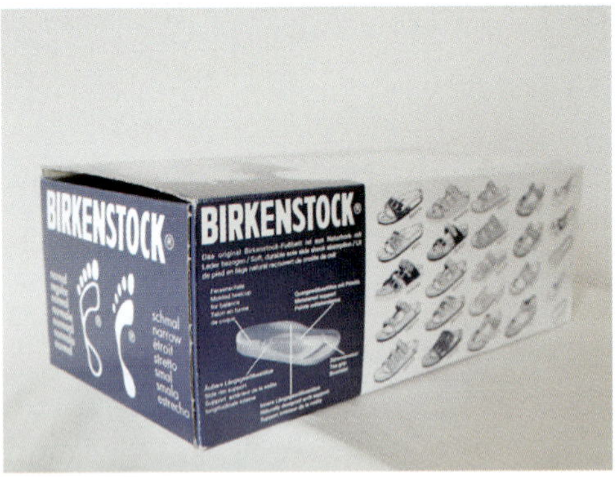

图3.109

图3.110

图3.111

图3.112

图3.113

图3.114

图3.115

图3.116

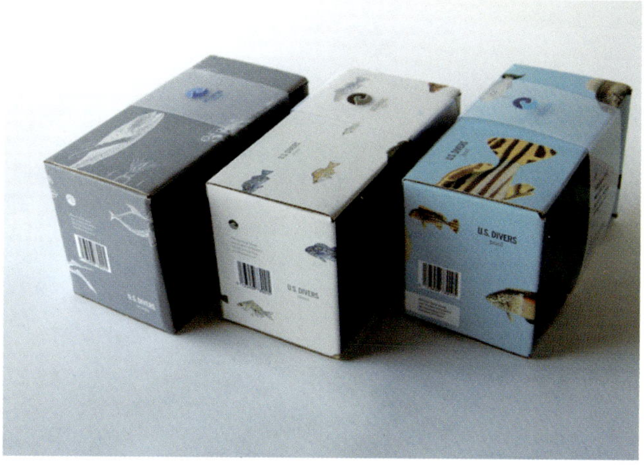

图3.117

①保护性能设计：包括防潮、防霉、防蛀、防震、防漏、防碎、防挤压等。

②方便性能设计：包括方便商店陈列、销售；方便顾客携带、使用等。

③推销性能设计：无需销售人员的介绍或示范，顾客只凭包装画面文图的“自我介绍”就可以了解商品，从而决定购买。

（6）要符合风俗民情和地域文化。包装图形设计不是随心所欲的，不同的国家和地区有不同的风俗习惯和价值观念，因而也就有他们自己喜爱和禁忌的图案，产品的包装只有适应这些风俗习惯，才有可能赢得当地市场的认可。包装图案设计中的禁忌可分为人物、动物、植物和几何图形禁忌等几种。

三、包装图形创意的主题确定和形式表现的技巧

1. 主题的确定

主题既是图形创意的起点，又是图形创意的终点。在进行图形创意的时候，首先就要从主题出发，对主题本身的特性进行研究和分类，寻找到创意点。这是一个思维发散的过程，在这个过程中，由于有了目标，主题才能进行，因此，主题是图形创意的核心起点。

在进行图形创意的时候，只要能表现出主题，可以使用各种方法和手段。这个主题可以是具象的事物，如一个圆、一个三角形、一只小鸟、一朵白云、一把椅子或者更复杂些的一个场景或一个特定空间；也可以是抽象的概念，如喜怒哀乐、酸甜苦辣等。但是，主题是一定要有的，没有主题的图形创意就像没有灵魂的躯体，完全不知道自己要做什么，要表达的是什么，只是为“创意”而“创意”，那就完全流于形式主义了。

在进行图形创意时，既需要打开思路，尽情发散，也需要把握中心，回归主题，对创意进行检验，经得起考验的创意才能脱颖而出，成为出色的设计。如果只是一味地发散而不收拢，那么创意就会失去方向从而变得毫无意义。可参考图3.116和图3.117。

2. 图形创意的表现形式

（1）产品再现。可以使消费者直接了解包装的内容物，以便产生视觉冲击及需求的效果，通常运用具象的图形或写实的摄影图形。如食品类包装为体现食品的美味感，往往将食物的照片印刷在产品包装上，以加深消费者的鲜明印象，促其产生购买欲望。可参考图3.118和图3.119。

（2）产品联想。“触景生情”即是由事物唤起类似的生活经验和思想感情，它以感情为

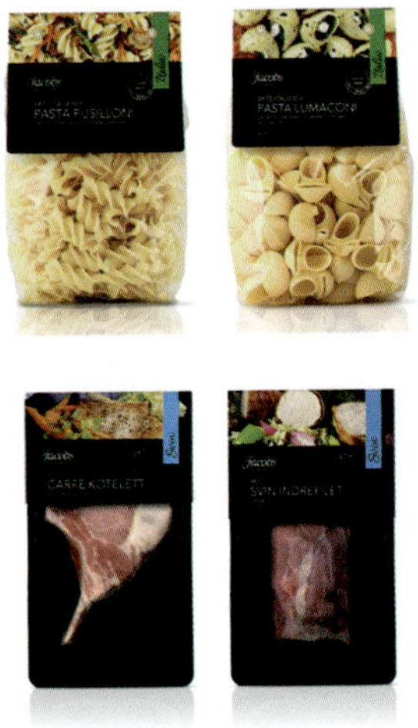

图3.118

图3.119

图3.120

图3.121

图3.122

图3.123

中介，由此物向彼物推移，从一事物的表象想到另一事物的表象。一般情况下，主要从产品的外形特征、产品使用后的效果特性、产品的静止及使用状态、产品的构成及所包装的成分、产品的来源、产品的故事及历史、产地的特色及民族风俗等方面设计包装图形，来描绘产品的内涵，使人看到图形后就可以联想到包装内容物。可参考图3.120和图3.121。

（3）产品的象征。优秀的包装设计招人喜欢，令人称赞，叫人忍不住想购买商品。这种令人不得不喜欢的因素就是由包装散发出的象征效果。象征的作用在于暗示，虽然不直接或者具体地传达意念，但暗示的功能却是强有力的，有时会超过具象的表达。可参考图3.122和图3.123。

（4）利用品牌或商标做图形。利用品牌或商标做产品包装图形可突出品牌并且增强产品品质的可信度。许多购物袋和香烟包装设计大多采用这种包装图形表现形式。可参考图3.124~图3.127。

（5）产品的烘托。所谓烘托是指将事物的对立面十分突出地表现出来，借此显彼，使产品形象更为鲜明、强烈、突出。可参考图3.128。

（6）产品的使用方法。通常，消费者对于新产品所具有的特点不太了解，这就要求在包装上下工夫，采用包装图形来表达产品的使用方法，以增加产品的说服力，从而引起消费者的兴趣。可参考图3.129。

3. 包装图形创意的表现技巧

（1）重组相关的各种构成要素。图形的表现形式是多种多样的，要想突破原有的结构模式，创造出包装中的新形象，就要将原有的元素进行重新的思维重组，构成新的创意与画面。可参考图3.130。

（2）充分利用拼贴、合成、移植等方法。借助拼贴、合成、移植等方法可将看似不相干

图3.124

图3.125

图3.126

图3.127

图3.128

图3.129

图3.130

图3.131

图3.132

图3.133

图3.134

图3.135

的事物结合起来，以形成新的形象。可参考图3.131和图3.132。

(3) 采用夸张、变形等方法。通过夸张、变形等方法可突出设计对象的某种性质、功能或改变其既有的色彩和形态，以形成新的形象。夸张可以是整体的夸张，也可以是局部的夸张；变形可以是单纯的量的改变，也可以是质的改变。夸张和变形不仅可以创造出新颖的形象，而且可以创造出奇特、有趣的形象。可参考图3.133~图3.135。

第三节　包装色彩的创意思维与表现

在商品包装设计元素中，色彩的冲击力最强。色彩在包装设计中占有特别重要的地位。在竞争激烈的商品市场上，要使商品具有与其他商品相区别的视觉特征，更富有诱惑消费者的魅力，更刺激和引导消费，以及增强人们对品牌的记忆，运用好包装色彩尤为重要。

包装色彩的运用已不再停留于传统的理解认识上，如在食品业中，虽然传统观念认为应多用易于产生食欲的暖色调理进行设计，但许多包装设计用一反常态的色彩理念却也给消费者留下深刻的第一印象，使产品品牌形象深入人心，为提高销售发挥了不可忽视的作用。这也都说明色彩的运用并无特定的模式，采用常规的还是反常规的设计方法，要取决于产品的需求。学习和掌握色彩的基本规律，对合理的安排色彩有切实的帮助。可参考图3.136~图3.138。

一、包装用色的基本要求

日本色彩学专家大智浩曾对包装色彩设计做过深入的研究。他在《色彩设计基础》一书中，对包装的色彩设计提出如下用色要求：

（1）包装色彩能否在竞争商品中有清楚的识别性；

（2）是否很好地象征着商品内容；

（3）色彩是否与其他设计因素和谐统一，有效地表示商品的品质与分量；

（4）是否为商品购买阶层所接受；

（5）是否有较高的明视度，并能对文字有很好的衬托作用；

（6）单个包装的效果与多个包装的叠放效果如何；

（7）色彩在不同市场、不同陈列环境中是否都充满活力；

（8）商品的色彩是否受色彩管理与印刷的限制，效果如一。

二、包装色彩的表现形式和技巧

1. 包装色彩的表现形式

包装设计中的色彩是影响视觉最活跃的因素。色彩在包装材料上的表现，对包装的最终效果有相当大的影响。色彩在包装界面上主要通过以下形式来表现：

（1）通过总色调体现。包装设计色彩的总体感觉是华丽还是质朴，取决于包装色彩的总色调。总色调直接依据一个色彩基本属性，即色相、明度、纯度来具体体现，如明调、暗高、鲜调、灰调、冷调、强调、弱调、软训、硬调、重调，等等。可参考图3.139和图3.140。

图3.136

图3.137

图3.138

图3.139

图3.140

（2）通过色彩面积体现。除色相、明度、纯度外，色彩面积大小是直接影响色调的重要因素。色彩搭配首先考虑大面积色彩的安排，大面积色彩在包装中具有远距离的视觉效果。另外，在两色对比过强时，可以不改变色相、纯度、明度，而扩大或缩小其中某一色的面积来进行调和。可参考图3.141和图3.142。

（3）通过视认度体现。视认度是指配色层次的清晰度。良好的视认度在包装设计、广告视觉传达设计中非常重要。视认度一方面要看色彩本身的醒目程度，另一方面要看色彩之间的对比关系。可参考图3.143。

（4）通过强调色体现。强调色是指总色调中的重点用色，是面积因素和视认度结合考虑的用色。一般要求明度和统度上高于周围的色彩，在面积上则要小于周围的色彩，否则起不到强调作用。可参考图3.144。

（5）通过间隔色体现。间隔色运用是指在相邻而呈强烈对比的不同色彩的中间用另一种色彩加以间隔或共用，可以加强协调、减弱对比。间隔色自身以偏中性的黑、白、灰、金、银色为主。如采用彩色间隔时，要求间隔色与被分离的颜色在色相、明度、纯度上有较大差别。可参考图3.145和图3.146。

图3.141

图3.142

图3.143

图3.144

图3.145

图3.146

图3.147

图3.148

图3.149

图3.150

图3.151

图3.152

图3.153

（6）通过渐层色体现。渐层是渐渐变化的用色，色相、明度、纯度都可做渐层变化。渐层色具有和谐而丰富的色彩效果，在包装设计的色彩处理中运用较多。可参考图3.147。

（7）通过对比色体现。对比色不同于强调色，是面积相近而色相、明度加以对比的用色，这种用色具有强烈的视觉效果，从而具有广告性。可参考图3.148和图3.149。

（8）通过象征色体现。这是不直接模仿内容物色彩特征，而是根据广大消费者的共同认识加以象征应用的一种观念性的用色。主要用于产品的某种精神属性的表现或一定品牌意念的表现。可参考图3.150和图3.151。

（9）通过标志色体现。这里讲的标志色不是商标的色彩，而是用色彩区别不同种类或同类不同品种产品系列包装的用色。例如，以不同的色彩区别同一品牌产品的不同成分用品的包装用色。在处理上，面积、形状、位置应加以变化。可参考图3.152和图3.153。

图3.154

图3.155

（10）通过辅助色体现。这是与强调色相反的用色，是对总色调或强调色起调剂作用的辅助性用色方法，用以加强色调层次，取得丰富的色彩效果。在包装设计处理中，要注意不能喧宾夺主，不能盲目滥用。可参考图3.154和图3.155。

2. 包装色彩的表现技巧

包装色彩的表现技巧应该从以下几点着手：

（1）找准色彩与包装物的照应关系。色彩与包装物的照应是相互的：一是通过外在的包装色彩能够揭示或者反映内在的包装物品，使人一看外包装就能够基本上感知或者联想到内在为何物；二是根据包装物的各项功能属性等，能有助于选择包装的色彩基调。外在包装的色彩应该从不同角度把握以下几个特点：

①从行业上看，食品类包装主要以暖色为主，以此表现营养和新鲜之感；医药类多用单纯的冷暖色调，以此表现严谨和理性；化妆品类常用柔和的中间色调，突出温和、舒缓的感觉；小五金、机械工具类常用蓝、黑及其他沉着的色块，来表现坚实、精密和耐用的特点；儿童玩具类常用明朗的纯色和冷暖对比强烈的各种色块，以符合儿童的心理和喜好；体育用品类多采用明亮的色块，以增加活跃、运动的感觉。不同行业的商品有不同的特点和属性，这些都需要包装设计师不断加强色彩的社会学和消费者心理学的知识。

②从性能特征上看，以食品为例，蛋糕点心类多用金色、黄色、浅黄色给人以香味袭人之印象；茶、啤酒类饮料多用红色或绿色，象征着饮料的浓郁与芳香；番茄汁、苹果汁多用红色，集中表明该物品的自然属性。尽管有些包装从主色调上看，不像上面所说的那样用商品属性相近的颜色，但仔细研究一下，会发现在它的外包装的画面中一定有起到点睛之笔的象征色块、色点、色线等内容。可参考图3.156~图3.163。

（2）找准色彩与受众群的关系。不同的商品面向的消费者不同，设计者可以运用不同的色彩来迎合不同消费群体的喜好。如男用化妆品包装多用黑、银、深蓝色和深棕色，以强调男性的庄重和威严；女用化妆品包装以淡雅的粉红色、玫瑰色、红色和浅紫色为主，以显示女性的温柔和妩媚；儿童用商品包装多采用纯度高、明亮的色彩，以符合儿童活泼可爱的特点。当然，对于儿童商品来说，其购买者往往是妇女，因此包装用色还要考虑妇女的审美心理。可参考图3.164~图3.166。

（3）找准色彩与商品陈列效果的关系。商品包装的色彩不仅要凸显单个商品的吸引力，其陈列在货架上的整体展示效果也非常重要，良好的货架效果才能引起消费者的关注。好的包装设计会使产品既有单独的完整陈列效果，又在批量成列的时候能形成新的视觉图形。可参考图3.167~图3.169。

（4）找准色彩和色彩自身的对比关系。这是很多商品包装中最容易表现却又非常不易把握的事情。在包装设计中良好的色彩对比可以使包装更醒目，一般都有以下方面的对比：色彩使用的深浅对比、色彩使用的轻重对比、色彩使用的点面对比、色彩使用的繁简对比、色

图3.156

图3.157

图3.158

图3.159

图3.160

图3.161

图3.162

图3.163

图3.164

图3.165

图3.166

彩使用的雅俗对比、色彩使用的反差对比，等等。可参考图3.170和图3.171。

(5) 把握色彩的流行趋势。在消费品的包装设计中，为了确保一件包装设计的色彩符合潮流，设计师就必须对流行色极为了解。然而，设计师又要谨慎考虑来自时装工业和其他产品设计领域的流行色，因为这些颜色的寿命也许极短，在流行一两季后就会销声匿迹。所以在借鉴时装潮流和其他国际性的色彩趋势来指导包装设计中的色彩挑选工作时，要考虑到在不同的零售环境下，消费者的购买行为也会有所不同，而且包装设计的使用时间和产品的货架寿命也与一件时尚物品的持续时间有很大差别。消费型的产品必须经过更长时间的考验。了解基础色彩科学、色彩理论以及人们对色彩的感知和消费者行为等诸多方面的知识，将会有助于设计师做出适当的色彩选择。可参考图3.172~图3.175。

三、包装色彩的特别说明

1. 熟悉电脑屏幕上的色彩

在设计过程中，使电脑屏幕上显示的颜色与打印色彩保持一致总是充满挑战。同一种颜色不仅会因为电脑屏幕的不同而产生不同的显示效果，而且也会因为具体颜色、底层材质和

图3.167

图3.168

图3.169

图3.170

图3.171

图3.172

图3.173

图3.174

图3.175

图3.176

施涂物体的不同而发生变化。各种染色物体和打印表面总是吸收和反射光线，而电脑屏幕则是传输光线，因此，颜色的观察方法就有很大的不同。

虽然电脑显示器、电脑周边产品和电脑软件的生产商们总是不懈努力试图在整个设计过程中确保颜色的准确性和一致性，但是电脑屏幕上的色彩与打印品上的色彩总是存在诸多差异。“所见即所得”这句话真实反映了向客户提交设计作品的过程。提交给客户并得到客户的认可的设计概念中所采用的色彩就是客户希望在包装设计的最终产品上所见的色彩。虽然包装设计行业的科技、工艺和材料都在不断改进，但是要在运用色彩和生产色彩的过程中保持色彩匹配的高度一致，依然是一件不容易做到的事情。因此，必须在设计过程中不断对色彩进行调整和校准，从最初的设计概念到最终的印刷成品，设计色彩都必须始终保持一致效果。如图3.176所示。

2. 色彩心理的运用

色彩心理学中分析到“第一影响”，既消费者第一眼看中的商品色彩，就是商家通过这抓准消费者心理，促进其立即购买的欲望，反之，可能第一眼过后再也不会理会。“第一影响”是消费者对色彩视觉信息传达目的：满足—不满足—满足色彩心理的具体反映，是消费心理的色彩定位。了解和运用好色彩心理，就能抓住消费者对色彩的感受，这样设计出的包装必定能吸引消费者。

3. 地域文化对包装色彩的影响

国内使用和用于出口的商品在包装上也有区别。世界各国由于地域差异，对色彩也有各

图3.177

图3.178

图3.179

图3.180

自不同的诠释，在为出口商品做包装设计时，使用包装色彩就首先要了解所出口国家、民族对色彩的喜爱与禁忌。包装色彩使用得当，可以使包装增添美感，反之，如果不了解一些国家、民族对色彩的喜爱与禁忌，可能会给出口商品的销售带来负面影响。可参考图3.177~图3.180。

第四节　包装材料肌理的综合表现

材料的体验和理解是包装设计必不可少的重要内容，材料决定了包装设计的肌理、形态、色彩等心理效能，所以在包装设计中材料的选择是一个重要的环节。对于选择材料而言，重要的是根据不同的产品选择不同肌理的材料，通过材料表面肌理在人的视觉和触觉中产生的美感，达到传递产品内涵的目的。

一、包装材料肌理表现的基本原则

1. 结合产品准确把握材料肌理特性

包装材料性质的不同，其肌理表现不同，给消费者的感受也会大不相同。如陶制包装材料给人粗犷豪放的感觉；玻璃材料给人明亮洁净的感觉等。准确掌握了各类材质的肌理特性，将适合产品的材料运用到需要体现的产品特质中去，通过肌理呈现出的视觉效果吸引消费者。

2. 掌握消费者需求心理

消费者对不同材料的肌理和质地的心理感受差异较大，这是由于不同材料的肌理感觉决定了材料的独特性和相互间的差异性所造成的，包装材料肌理的表现不能随心而欲，不仅要结合产品，还要把握消费者的需求，在消费者接受和能刺激消费者购买欲的基础上，灵活的运用材料肌理的变化，以达到包装个性化的效果。

二、包装材料肌理表现的形式

肌理是指物体表面的组织构造，它们给人以触觉质感和视觉质感。那么，在包装设计中要想通过肌理展现出包装的独到之处，就要从触觉和视觉两方面去考虑表现。

（1）触觉肌理：通过人的触摸而感受，如物体表面的凸凹、粗细、软硬等。

（2）视觉肌理：通过人的视觉而感受，如木纹、石纹、皮革纹理等。

在平面造型中，主要运用的是视觉肌理。在立体造型中，则需要同时运用视觉肌理和触觉肌理。包装容器应特别注意肌理，良好的肌理可使包装造型更富有风采。可参考图3.181~图3.183。

三、包装材料肌理的表现手法

包装材料肌理呈现出的视觉和触觉感受对包装传达信息有着重要的引导作用，具体的表现手法有天然的和人工的两种，天然的主要是利用自然材质本身的肌理和纹路，而人工的则可以通过雕刻、腐蚀、拼合、粘贴、切割等方法得到。但总的来说，可以分为以下三种手段：

（1）在产品包装设计中，将真实的材质和肌理运用到包装材料中。这种方法是最普遍的，

图3.181

图3.182

图3.183

图3.184

图3.185

也是较为传统的。例如，用竹子或陶器等来设计茶叶的包装。可参考图3.184和图3.185。

（2）模仿的方法，即用其他常规材料，如纸张、塑料、玻璃等，来模仿产品特征或某一需要的材质肌理，以达到视觉和触觉上的感受。可参考图3.186和图3.187。

（3）通过平面的印刷技术来模仿某种肌理视觉效果。这种方法可以使消费者在远观时就可以马上通过包装的视觉传达，获取对产品的基本的认知感，从而判断对此商品的购买需求。例如图3.188和图3.189所示的包装，表面印刷的是不同的肌理效果，它所传达的视触觉效果达到了包装需求亲和的预期效果。但和前两种方法不同，这种方法没有真实触感。

图3.186

图3.187

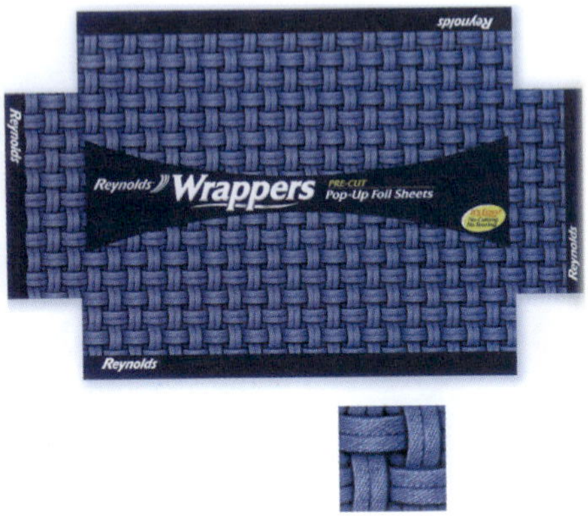

图3.188

图3.189

第四章　包装造型设计的创意思维与表现

包装造型设计是一个抽象形态的语言表达，在做造型设计时，必须从生产、销售以及消费者使用上考虑。包装造型设计大多指包装容器的造型设计，包括方形、圆形、异形等，容器形状的长短宽窄和曲度变化必须符合科学、牢固、美观、经济、适销等原则。

时尚与古典、浪漫与传统，产品包装往往以其独特形状把自己的产品定位与竞争对手区别开来，很多企业从一开始就将产品包装设计为特有的造型作为建立自己品牌形象的有效手段。例如“绝对”伏特加，数十年如一日，始终没有放弃用其瓶身为品牌识别的根本的做法，尽管1978年的调查显示，瓶子形状太平庸，产地也不是在公认盛产佳酿伏特加的俄罗斯，而是在瑞典，酒瓶看上去很像药瓶，而且也没有任何标签和装饰，毫无吸引人之处。然而，“绝对”伏特加正是利用了自身所谓的“包装缺陷”，始终围绕产品独特的包装不断挖掘创意，以平面广告为主，自1980年开始推出第一款广告开始，在20年的时间里，“绝对”伏特加的广告一直走着非功能诉求的道路，每一款广告都能给受众带来惊奇和视觉的美感，如图4.1所示。“绝对”伏特加问世之后，没

图4.1

有告诉大众它与其他的伏特加有何区别，而是将整个诉求的重点放在了瓶子包装上。借助在每一个可以想象得到的地方来展示这个独特的瓶形，“绝对”伏特加公司千方百计地传达出一个无处不在和广受欢迎的品牌信息。

第一节 包装造型设计的要求与原则

一、包装造型设计的要求

包装容器造型以盛装、储存、保护商品，方便使用和传递信息为主要目的，是外包装设计的基础。它在盛装产品和保护产品的同时要兼具便利和审美功能。在进行包装容器造型设计时要满足以下几点：

（1）包装容器的结构符合动力学原则，能保护内装产品，使其在运输、装卸、使用过程中不受损坏，这一点对医药品和食品尤为重要；

（2）包装容器的结构形式和形状不会对人体造成伤害，在使用过程中便于操作和搬运，符合人体工学原理；

（3）包装容器的结构应适应容器的造型与视觉设计的要求，符合包装美学要求；

（4）包装容器的结构设计与制作的总费用应与内装产品的价格相适应；

（5）包装容器及其材料必须适应废弃物回收再利用或易于处理的要求，符合环保要求。

二、包装造型设计的原则

1. 结合商品特性

不同的商品有不同的形态与特性，对于包装材料和造型的要求也不尽相同，因此，需要有针对性地进行设计。比如有些商品不宜受光线照射，就应采用不透光材料或透光性差的材料；又如啤酒、碳酸饮料等产品，具有较强的膨胀气体压力，所以容器应采用圆柱体形以利于膨胀力的均匀分散。可参考图4.2~图4.5。

2. 使用便利性

容器在消费者携带和使用的过程中充分地体现出便利性，这也是企业通过产品展现其经营文化理念和社会责任感、树立良好企业形象的机会。在日常生活中，我们常会遇到很难开启的包装，相比之下携带和开启方便的商品就会受到消费者的青睐。可参考图4.6~图4.9。

图4.2

图4.3

图4.4

图4.5

图4.6

图4.7

图4.8

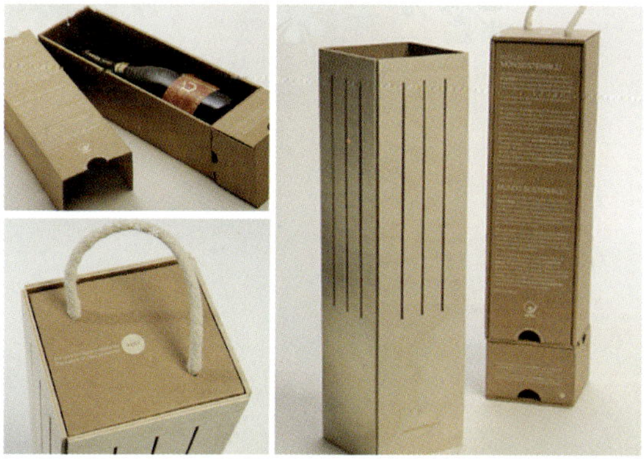
图4.9

3. 兼顾视觉与触觉美感

容器造型应该具有美感，其造型形态与艺术个性是吸引消费者的主要方面。容器的造型性格与产品本身的特性应该和谐统一，比如女性用品的容器造型可采用优美曲线及体现韵律节奏感的设计，男性用品的容器造型可采用直线、几何形、刚毅的视觉表现特征，儿童用品的容器采用可爱活泼的造型等。另外，当商品被消费者拿在手中时，其触感也会给人带来审美的感受，其表面的光滑、细腻或是肌理起伏都会传达出某些情绪与情感特征。可参考图4.10~图4.14。

4. 结合人体工学知识

容器设计的目的是为了人的方便使用，因此必须考虑到使用过程中，手或其他身体部位与容器之间的相互协调的关系，这种关系主要体现在设计的尺寸上。比如人的手在拿、开启、使用、倾倒、摇晃等运动过程中，容器造型如何能使得这些动作方便省力，这些构成了容器造型设计中尺寸的把握依据。有些容器设计还根据收纳商品的位置，在容器上设计了凹槽，或特别注意了磨砂或颗粒肌理感的运用，这些都是有利于手的拿握和开启的省力。可参考图4.15~图4.17。

5. 考虑工艺性

不同材料的容器加工工艺是不一样的，有些材料的加工对造型有一定的要求，如果不考虑加工工艺的特点，可能一个很好的造型设计就会生产不出来或者是大大增加了成本。可参考图4.18和图4.19。

图4.10

图4.11

图4.12

图4.13

图4.14

图4.15

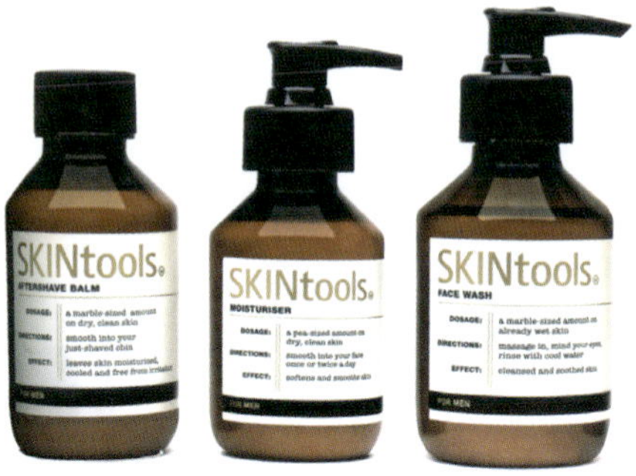

图4.16

图4.17

图4.18

图4.19

6. 设计简约性

简约并不意味着单调呆板和滥用空白，更不是内容空洞的借口。繁琐拖沓的画面随处可见，它们与简约风格背道而驰。简约不是简单，更不是做减法，它是高度提炼设计要素，更明确设计思想，更注重作品的视觉冲击力，更时尚，更环保。简约设计作为当今设计的主要潮流，已经逐步渗透到现代设计的各个角落。可参考图4.20~图4.27。

图4.20

图4.21

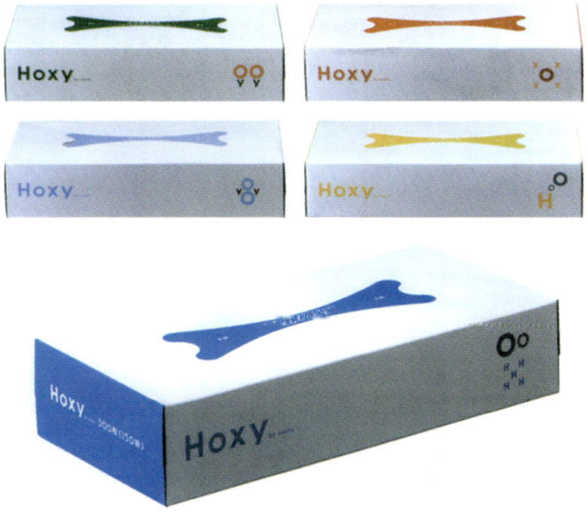

图4.22

图4.23

图4.24

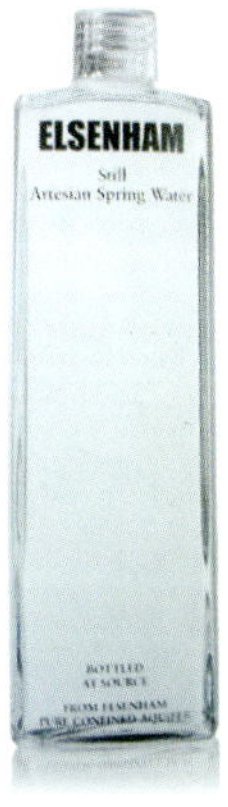

图4.25

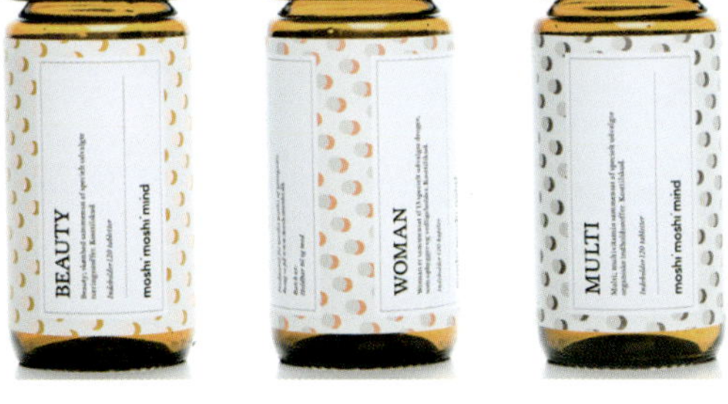

图4.26

图4.27

第二节 包装造型设计的创意思维方法

包装造型设计是兼含科技、艺术、人文等内容整体规划的系统设计。运用创意思维，可以以新角度、新材料、新形式、新方法进行设计，也可以将普通形象进行重新编排与组合，使之意义更新，形成一种全新的语言效果。造型设计是创造性思维的过程，以设计者的吸收、记忆、理解能力为基础，运用创造性构思和一定的设计制作方法，通过造型形态体现出来。

一、仿生造型法

自然界充满多样性与复杂性，蕴含着丰富的形态。不断从变化万千的自然中汲取灵感已成为许多设计师丰富自身设计语言的手段，设计师以自然形态为基本元素，通过分析、归纳、抽象等手段，把握自然物的内在本质与形态特征，将其传达为特定的造型语言。包装造型设计中的仿动植物形态的包装容型设计等，都是模拟某些生物形态，并经过科学计算或艺术加工而设计的，通过对自然界中的各种生命形态的分析，形成丰富的造型设计语言。

仿生造型法的灵感源于自然，但设计中却不是简单模仿自然物的外形，而是使容器设计既具有自然形态的视觉感受，又具有实用价值和艺术性。这种造型设计方法，在现代造型设计中越来越受到重视。可参考图4.28~图4.32。

图4.28

图4.29

图4.30

图4.31

图4.32

图4.33

图4.34

图4.35

图4.36

图4.37

图4.38

图4.39

二、象形模仿法

象形手法与仿生手法有所相似，但也有所不同。仿生手法注重“神似”，是对形象造型的概括和抽象提取；象形手法则更注重“形似”，通过一些夸张、抽象或变形意识使这种表现手法更加丰富，与产品个性更加协调一致。可参考图4.33~图4.35。

三、加减造型法

加减造型法是在基本包装形态基础上，进行添加或者削减体块，而形成新的造型的方法。这种方法可避免产生繁琐多余的结构或装饰，降低生产成本；也可从现有的包装上去除某些多余的附属物，在保持基本功能的前提下，尽量简化形态的创造方法。设计时，应注意造型结构准确、选择材料适当、外观造型美观，具有一定空间节奏感和整体统一性。可参考图4.36~图4.39。

图4.40

图4.41

图4.42

图4.43

四、造型要素交合法

使用造型要素交合法要善于运用产品特点和造型的特征，通过巧妙结合，形成新的构思，概括和综合大量现有材料，形成有科学条理性的概念，从诸事物的个性中概括出事物的规律性。在创造思维的指导下，加大思维的前进跨度，即加大联想和转换的跨度，使设计思维加快进行。造型要素交合法可避免设计中先入为主的印象，避免单凭主观因素进行造型设计。可参考图4.40~图4.43。

五、分析列举法

分析列举法是针对产品的包装容器造型做调查研究，列举出各方面的情况，探索现有包装造型改进或创新的方法，以创造出新的包装造型形态。分析列举出包装造型的缺点和不足之处，找到克服和弥补缺点的措施；列举出包装造型的全部优点，进行系统的研究和综合，以便扩展，创造出新的包装造型；以不同的观点创造性地提出新的希望，激发设计者的创造灵感。可参考图4.44~图4.47。

六、虚实空间法

包装造型设计中常常把形体所占有的实际空间称为实空间，把形体以外的空间称为虚空间。造型中虚实空间的对比主要体现在两个方面，一是，实体在一定空间内所占有空间的大小、位置及构成的整体虚空间和形态实体的对比关系；二是，整体和局部虚空间之间形状大小的对比关系，这些对比关系营造了虚实空间形式美的变化。可参考图4.48和图4.49。

七、肌理对比法

材料肌理有着丰富的视觉效果，在造型设计时运用不同的肌理效果产生对比，可以增强

图4.44

图4.45

图4.46

图4.47

图4.48

图4.49

视觉效果的层次感，使主题得到升华。可参考图4.50~图4.54。

八、通透变化法

通透变化法可以视为一种特殊的“减法”处理。这种通透，有的仅是为了求取造型上的个性，有些则具有实际功能。可参考图4.55~图4.58。

九、系列造型法

系列化包装设计能够使同一品牌下不同种类或同一种类不同系列的商品，成为具有整体性视觉化的商品体系，具有内涵意象的连贯性，建立起商品统一而强烈的视觉阵容。因此，系列化这种技术措施近年来逐渐引用到包装设计领域，成为一个国际化的新潮流。可参考图4.59~图4.63。

图4.50

图4.51

图4.52

图4.53

图4.54

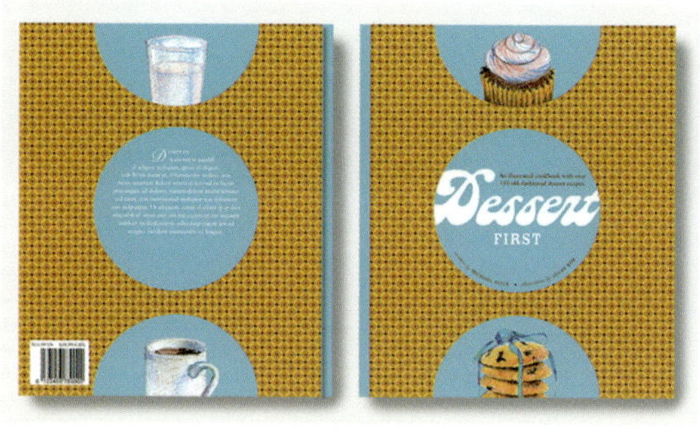

图4.55

图4.56

图4.57

图4.58

图4.59

图4.60

图4.61

图4.62

图4.63

第五章　包装设计的材料与结构

包装材料与结构不仅为产品的盛放、保护和运输提供服务，而且也为包装设计的存在提供了实体表面。在零售环境中，包装结构为产品的货架寿命和存在提供支持，并且通过可触摸的实体品质和保护性特征影响着该产品对消费者的最初吸引力。包装结构最终落在了终端用户的手中，并依照人体工程学的原理完成各项实用任务，包括正确开启和关闭、分配内盛物，以及在某些情况下负责该产品的安全存放。因此，必须在每项包装设计工作开始的时候就认真考虑包装材料与结构，及其优缺点。

包装材料和包装结构关系到产品包装能否在产品的保护和运输中有效发挥作用，进而最终影响到消费者对该产品的满意程度，因此包装材料和包装结构的选取将是最为关键的工作。要选用哪些材料和哪种结构，有时要取决于市场上的现有资源，有时则要借鉴新技术和新发明。无论是哪种情况，包装设计的基础都是由各种结构设计因素决定的。

第一节　包装材料的运用

一、纸材料

现阶段，纸制品在包装领域中仍然占有很大比例，纸箱、纸盒、纸袋等仍然是许多产品的主流包装方式。纸材料的表面能够通过印刷及其他工艺达到各种丰富的表面效果，表现很灵活。

1. 纸板

纸板可提供使用功能，且成本低廉并可回收利用。有了纸板的实用功能作为基础，就能进行结构设计的创新，即使是简单的折叠纸盒也会是一种出色的设计方案，因为其平整宽敞的表面本身就是为品牌标识展示准备的绝好场地。

在造纸行业，“纸板”一词泛指由木材纤维原浆或回收纸浆制成的纸张。纸板的重量或厚度必须与纸盒的尺寸大小和具体用途以及产品的盛放需求相配合。产品的尺寸和重量决定了包装的结构和强度。结构设计还取决于各种市场营销目标，即如何展现该品牌和品牌的特色。包装的功能也可以是盛放并保护内含的二级包装物，例如一个管式包装或包装瓶；或者一种内层结构，例如一个塑料托盘或者瓦楞套盒。

纸板是由多层纸张碾压加工而成的，可根据具体加工方法分为两大类：一是长网纸板，是指以纤维原浆为主要原料，由3~4层纸材制成的纸板；二是圆网板纸，是指以各种回收纸浆纤维为原料，由7~9层纸材压合而成的纸板。

下面介绍几种最常用的纸板类型。

(1) 单浆漂白硫酸盐纸。其漂白木材原浆含量最高，是最昂贵的纸板，通常覆有黏土涂层，从而具有高品质的白色印刷表面，主要用于食品、乳质品、化妆品和医药用品的包装。可参考图5.1~图5.3。

(2) 单浆非漂白硫酸盐纸。其非漂白木材原浆含量最

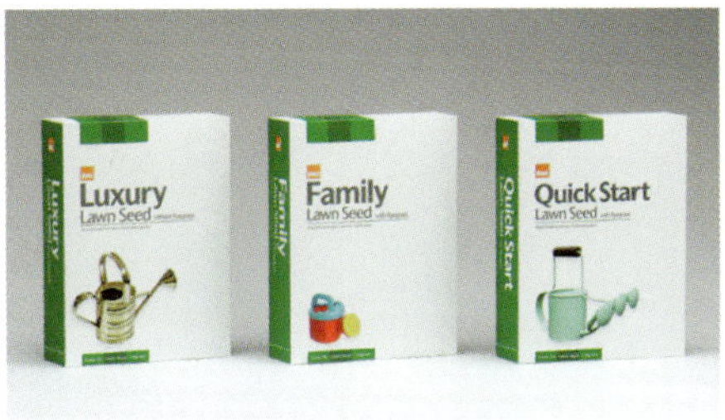

图5.1

图5.2

图5.3

图5.4

图5.5

图5.6

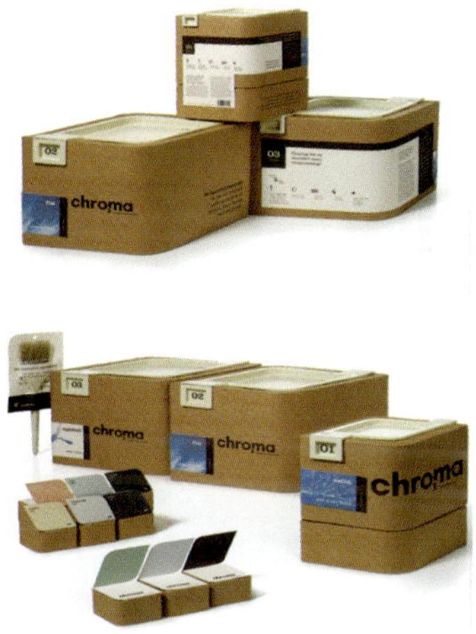

图5.7

图5.8

图5.9

高。这种天然的牛皮纸有涂布和非涂布两种。这种纸材的强度最高，常用于饮料架、五金类产品和办公用品的包装。可参考图5.4~图5.6。

（3）再生纸材。这是一种由百分之百回收纸或回收纸板制成的多层纸材，有涂布和非涂布两种。非涂布纸板用于制作组合式纸罐或纤维纸筒。涂布纸板则用于干性食品（如饼干或糕点类）以及其他家用产品（如纸类产品或洗衣粉）的包装。可参考图5.7~图5.9。

（4）普通粗纸板。由废纸料制成，通常呈灰色或米色。可用于制作固定纸盒（通常为固定结构，外覆装饰纸或其他装饰材料，用于礼品，如香水或玻璃器皿的包装）。这种材料还被用于制作其他折叠纸箱、泡罩式包装的后面板、低端包装以及不会在货架显露出来的内部包装结构。通常情况下，普通粗纸板不适于直接印刷。

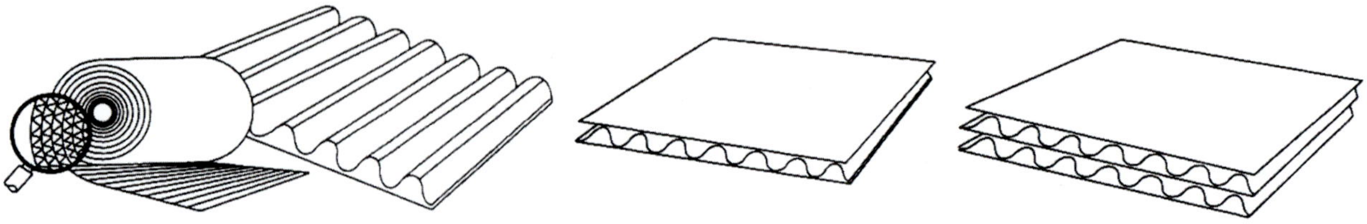

单面瓦楞纸　　双面瓦楞纸　　双壁瓦楞纸

图5.10

图5.11

图5.12

2. 瓦楞纸板

瓦楞纸板又称容器用纸板，由纸板和波形纸芯胶合而成，如图5.10所示。单边瓦楞纸也称为单面瓦楞纸；双边或双面瓦楞纸的中心为一层波形纸，因此也称为单壁瓦楞纸。未挂面的瓦楞纸，即只有波形纸芯的瓦楞纸，常常用作易碎产品或物件的包装材料，并作为内部包装结构中支撑产品的部件。单壁、双壁和三壁瓦楞纸常用于制作外部包装，如运输纸箱和运输容器。纸芯波形较小的单面瓦楞纸可将纸芯朝外，用于高档包装设计，以获得独特的质地效果。经印刷处理的纸板可与瓦楞纸板胶合为一体，以此作为较重产品的基础包装，如各种器械、烹饪用具、电器、家庭用具或电子产品的包装。

3. 折叠纸盒

折叠纸盒通常被设计为整件包装结构。纸板或瓦楞纸经压印、划痕、折叠、插片锁合或胶粘而成为包装结构。纸盒的图案线或称模切线包括确定其形状的轮廓线，以及定位每块面板及其各自胶合片的切割线和划痕线。这些线迹还可包括内部模切的其他具体线条以及用以增加该纸盒功能的半切割线。可参考图5.11和图5.12。

4. 固定纸盒

固定纸盒是形状固定的包装结构，包括顶部和底部两部分，通常由厚重的纸板制成，并用装饰性挂面纸、挂面材料或其他装饰方法覆盖所有外表面和边角。通常用于化妆品、糖果、首饰或其他高档产品的包装，往往结构精巧、造型华丽，从而使产品的外观更加美丽诱人。外观具有装饰效果的固定纸盒常可以起到“增值”作用，因为人们常常在使用完产品后将这些纸盒保存下来留作他用。

如今，随着加工领域技术的开发应用，商家们已经可以推出边缘经过工整轧制的一件式和两件式折叠纸盒，这种折叠纸盒的外观效果与固定纸盒相似，但其造价却仅是固定纸盒的零头而已。可参考图5.13和图5.14。

5. 纸筒

纸筒由纸板在圆筒上螺旋绕制而成，有各种重量规格和长度规格。一卷卫生纸或纸巾中央的纸筒就是轻质纸筒中的一例。低档纸筒通常由未经装饰的普通纸板制成，而高档纸筒则常被用做化妆品、贴身内衣、时装配饰和奢侈品的特级包装，以及食品类和酒类馈赠礼品的包装盒。纸筒也可由多层材料制成，包括起保护作用的塑料、金属覆膜或者起阻隔作用的金属箔层，这种纸筒常被作为零食、粥类、浓缩果汁等的包装结构。可参考图5.15~图5.17。为了在竞争中立于不败之地，纸筒加工商们正在寻找各种创新方法，例如开发出各种形状、新的模切技术或者新的整饰工艺，以便使它们的包装结构更加与众不同。

6. 纸袋

纸袋是以纸制作而成的袋状软性容器，大多采用黏合与折叠结构，一般是三边封口，一端开口。它有多种形式，如手提式、信封式、方底式、筒式、阀式、M式、折叠式等。手提纸袋的包装结构既便于制作、携带、节省费用，又起到广告宣传作用。纸袋适用于纺织品、衣帽、小食品、小商品等的包装。很多企业、商场都有专门设计的包装纸袋，它们是流动的广告。可参考图5.18~图5.20。

图5.13

图5.14

图5.15

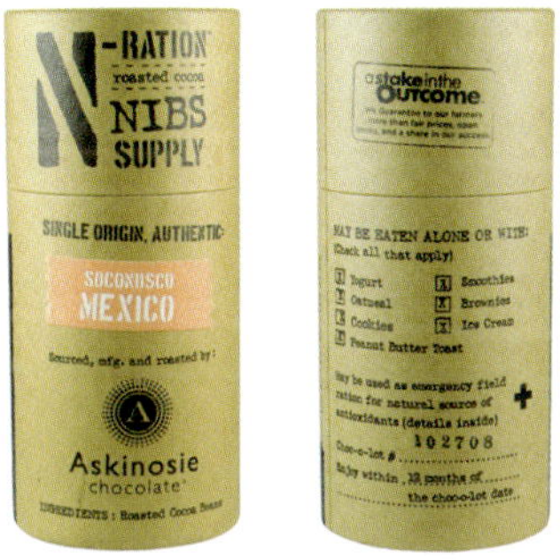

图5.16

图5.17

图5.18

图5.19

图5.20

7. 纸浆模塑制品

纸浆的运用和纸张一样，有着久远的历史，与再生纸不同的是，纸浆不像纸张那样需要高质量的漂白表面，然而，它展示的却是极富质感的光洁和有肌理的外表。纸浆提供了一系列不含化学成分的包装概念，如蛋盒就是纸浆包装的著名象征。有些产品包装首选纸浆模塑制品，如手机的包装内盒，一方面能很好地适应手机的外形，起到保护商品的功能，另一方面由于它是利用回收纸制作而成的，因此成本低廉，符合环保要求。随着加工制作水平的不断提高，纸浆模塑产品的质量及外观视觉形象将越来越趋向完美。可参考图5.21和图5.22。

二、塑料

塑料的种类繁多、属性各异，可满足各种盛装需要。塑料有硬有软，有各种颜色的，有透明和不透明的，并可塑造成各种形状和尺寸。有了种类繁多的塑料和各种加工工艺的帮助，设计师们就能创造出各种新颖的包装形式。包装瓶以及其他形状的包装结构都可进行模内贴标，有多种颜色选择，适用于金属着色和添加金属效果，并能经过压印和各种装饰的工艺的处理，如丝网印刷和热烫箔处理。

硬质塑料结构可在盛装产品时保持其自有形状。瓶子、罐子、管子和桶盆状结构可有多种形状选择，并可根据客户需要进行加工定制，因此可作为储存包装。塑料包装结构适用于大多数产品门类，包括牛奶、黄油、微波炉用品、洗发香波、润肤露和洗碗液等。包含专有包装轮廓或包装形状的塑料包装设计非常容易辨认，从而成为一个产品门类的特征。

以包装管为例，塑料包装管在填充好产品之后，会加掀盖或螺丝盖，然后倒置过来将盖子做底部。随着塑料生产新方法、新式塑料盒加工工艺的出现，结构设计师们更可开发出底部轮廓颇为独特的新式塑料管包装。然而，由于其形状为上粗下细，由于品牌宣传和产品信息的展示区域也颇为有限，根据各种包装管生产工艺和印刷工艺的具体情况，设计的多样性也受到了限制，所以在包装管上进行平面设计的工作往往充满挑战，可在包装管成型之前或之后进行印刷处理。以塑料为原料的其他包装结构还包括折叠纸盒、托盘和套盒。可参考图5.23~图5.28。

另一种硬质塑料包装结构就是泡罩式包装。这种包装结构是经热加工成型而包裹在产品

图5.21

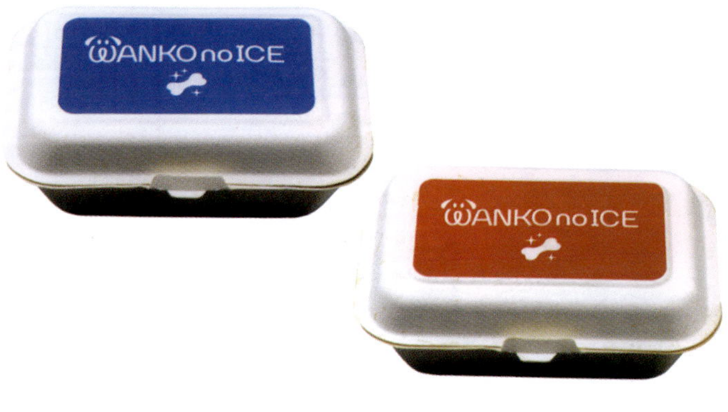

图5.22

图5.23

图5.24

图5.25

图5.26

图5.27

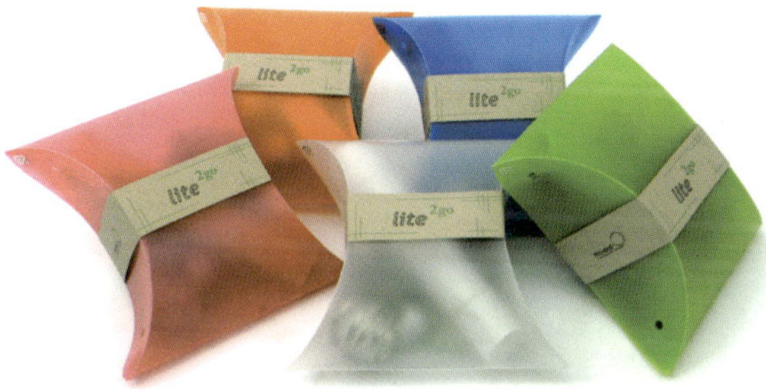

图5.28

的前表面，从而使消费者能够通过透明塑料直接看到产品本身。泡罩通常会附着在一块起支撑作用的纸板上，这块纸板上会印有包装设计的各种平面效果。衔接式泡罩或称双泡罩包装（壳式包装）则是在产品的正反两面均包裹上泡罩，从而使消费者可以看到产品。也可将平面图案直接印制在这种塑料结构上。

典型的泡罩式包装都会在包装结构的顶部打孔，以便能够固定在零售商店里的挂钉上便于销售。玩具、大批量销售的化妆品和个人护理产品、非处方药、电池、电子产品和五金类产品等大多是通过泡罩式包装进行销售的。

以前的泡罩式包装很容易开启，容易有被偷盗的风险。如今的新式泡罩设计大大增加了

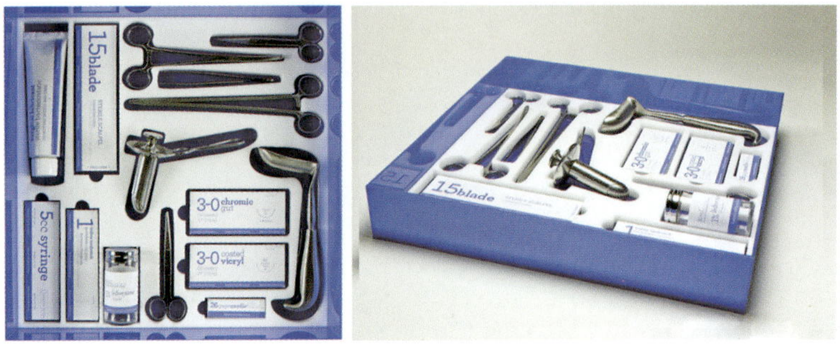

图5.29

图5.30

图5.31

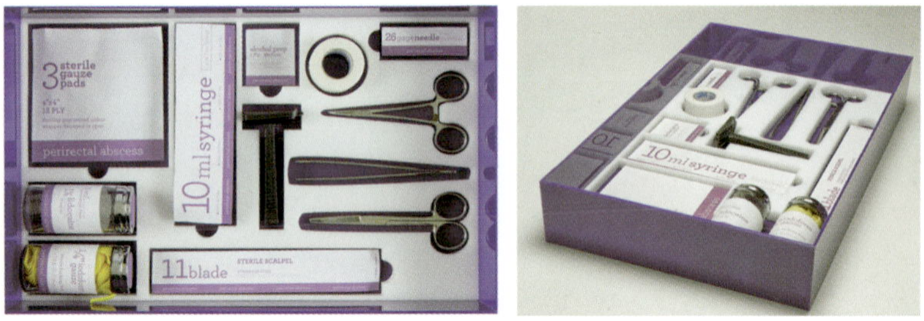

图5.32

图5.33

图5.34

开启难度，这就使产品免遭盗窃。可参考图5.29~图5.34。

三、玻璃

玻璃容器形态、大小和颜色各异，可被塑造成各种独特形状，可以设计成各种大小的开口，应用各种压印图案，还可通过其他修饰方法提升包装设计的整体效果。玻璃的化学稳定性使它成为易与某些食品、药品或其他不稳定产品发生反应的包装材料的替代品。

与纸板相似，玻璃作为一种普遍使用的包装设计材料而与塑料展开竞争。一方面，玻璃较重且易碎，会影响加工成本和运输成本，进而影响该种材料的成本效率和包装适合度。另一方面，由于其独特的视觉效果和质感，玻璃又令人觉得它是一种可靠而独特的高品质材料，商家们总是很乐意将玻璃作为包装容器的基本材质，因为玻璃不但有着卓越的外观效果，在产品保护方面也优点颇多。因此玻璃成为香水、化妆品、医药品、饮料及其他美容产品或奢侈品的首选包装材料。可参考图5.35~图5.48。

图5.35

图5.36

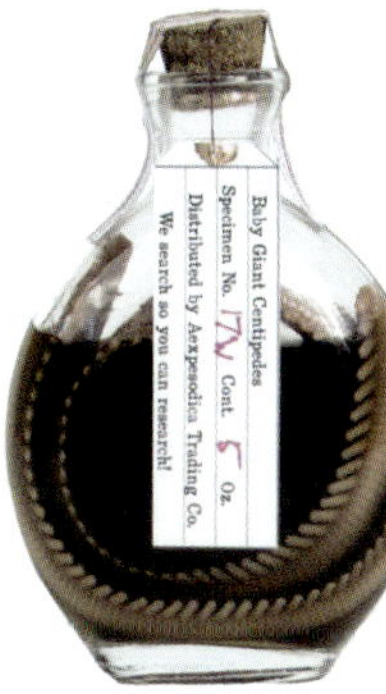

图5.37

图5.38

图5.39

图5.40

图5.41

图5.42

图5.43

图5.44

图5.45

图5.46

图5.47

图5.48

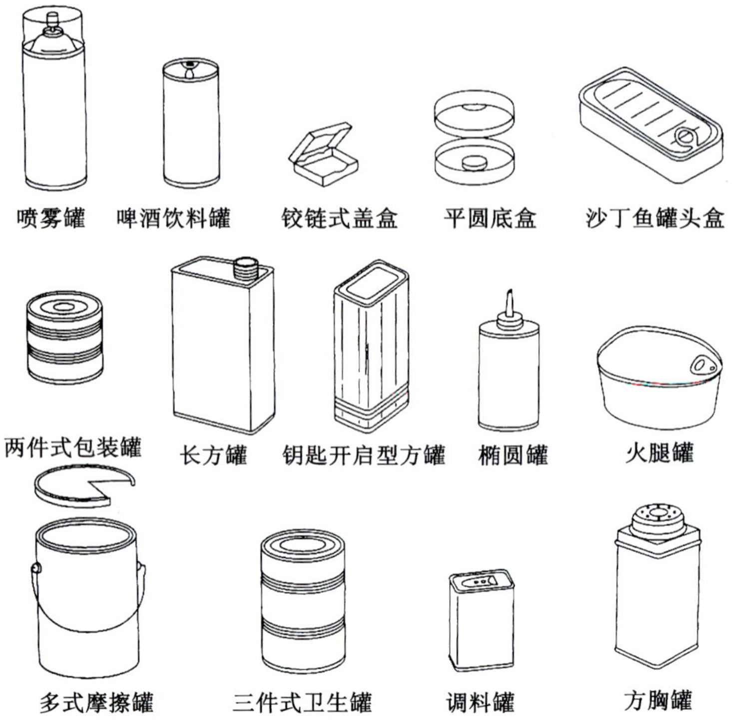

图5.49

四、金属

金属包装以马口铁、铝和钢为原材料。生产金属的原材料种类繁多、数量丰富，从而使得这种包装材料的生产成本非常低廉。加工食品、喷雾、油漆、化学品和汽车用品是最常使用钢制包装罐和包装瓶的消费品。铝材常用于碳酸饮料、保健品和美容用品的包装。覆有铝箔的容器则往往用于烘烤食品、肉类食品的包装。可参考图5.49。

金属包装罐早在19世纪早期就已问世，后来用于军方的食物供给，随后传入美国，于是世界上第一个马口铁罐就诞生了。如今的金属包装罐重量很轻，而且常常涂有各种材料，以防止包装金属与产品发生反应。包装罐通常设计成两件式或三件式。两件式包装罐包括一个有底的圆筒结构和一个另外装配的顶部结构。这种包装罐没有边缘，因此更便于在整个圆筒表面进行印刷。碳酸饮料罐就是经印刷装饰的两件式包装罐的典型例子。三件式包装罐是各种包含单独装配的顶部和底部的圆筒结构。典型的三件式包装罐常附有纸质标贴，以便展示品牌标识和产品信息，例如灌装蔬菜和汤类食品，有些三件式包装罐的表面直接印有包装图案。三件式包装罐可隔绝空气，因此货架寿命更长久；与玻璃相似，这些包装罐不易与内装物发生化学反应；三件式包装罐强度高、占用空间少，且可回收利用。

金属为硬质材料，在产品包装中占有一定的比例，它的使用范围主要是罐装饮料、食品以及一些压缩喷雾类产品等。金属包装材料采用马口铁印铁材料和铝制材料等。金属印铁色彩设计分为平版胶印和卷筒马口铁直接印刷，国内外印铁企业主要采用平版胶印的技术。在通常情况下，印铁企业采用六色机和八色机比较多，能满足金属包装色彩的各种需求。金属包装色彩设计中经常使用的专色是金色、银色等，以加强色彩的对比和调和，获得强烈的色彩视觉冲击力。可参考图5.50~图5.59。

图5.50

图5.51

图5.52

图5.53

图5.54

包装材料除了以上提到的外，还有其他一些传统材料和创新材料，例如木材、竹编材料、藤编材料、陶瓷或者新兴复合材料等。传统材质的包装色彩一般都依据材质的自然色彩再搭配与其产品相匹配的说明和品牌标志，它能赋予产品亲切、温馨的感觉。新兴复合材料常常是两种或两种以上物理、化学性质不同的物质组合成的材料，既有很强的保护性能，又有良好的印刷和封闭性能，比单一材料性能优越，应用范围很广。可参考图5.60~图5.68。

图5.55

图5.56

图5.57

图5.58

图5.59

图5.60

图5.61

图5.62

图5.63

图5.64

图5.65

图5.66

图5.67

图5.68

第二节 包装结构设计

在包装设计中，对于三维结构的设计和开发工作本身就是一门独立学科，接受过工业设计、结构设计、产品设计的专业人员才能更好地从事该项工作。这些专业人员都会对某些特定材料非常了解，并可直接与加工商进行合作。结构设计师通常精通于纸板、塑料、金属、玻璃、木材或其他材料种类，他们需要考虑产品的用途、生产成本、营销和产品门类的特征等，才能进行高效率的设计工作。除了精通这些材料以及知道它们具有哪些特定功能之外，结构设计师还必须能够通过手绘或电脑操作制作草图并进行三维空间的设想。可参考图5.69。

一些工业设计师能够自己创造出包装设计的三维立体原型，而一些设计师则会将制模工作外包给模型制作商们。模型制作商和工业设计公司可能会精通于某些特定材料（塑料泡沫、木材、合成树脂、金属）以及一些行业门类（化妆品、食品、饮料和家庭用品），而且有些公司还提供一站式服务，即全程解决任何结构设计问题。

目前已经有了一种先进的快速成型的方法，它是一种自动化生产工具，通过三维打印机扫描电脑辅助设计演示图就能创造出三维设计原型。有了这种省时省力的原型制作工艺的帮助，设计师们就可在审核设计终稿之前对不止一种模型进行研究，从而大大增加了设计工作的灵活度和对三维模型的探索能力。

消费者总是通过他们的视觉和触觉对包装设计做出反应。然而，材料领域的新技术正在不断增加人们对包装设计的体验方式，并使他们在货架旁边驻足欣赏。可参考图5.70~图5.81。

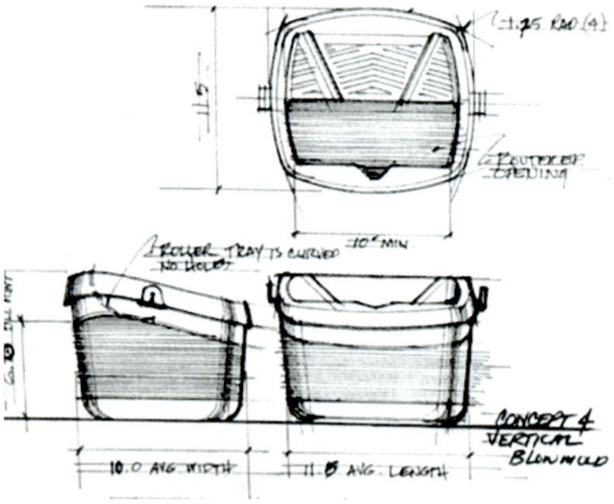

图5.69

图5.70

图5.71

图5.72

图5.73

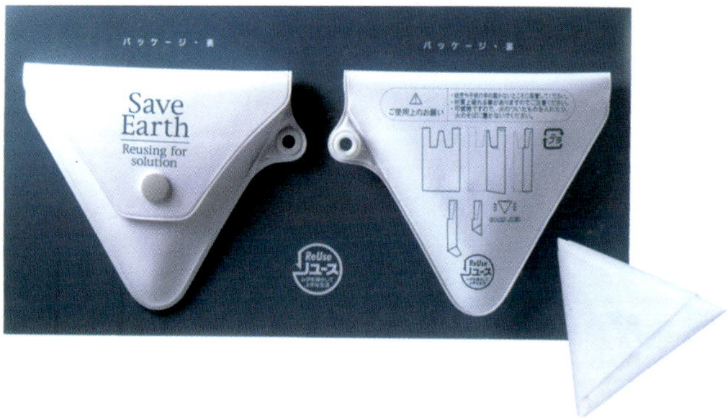

图5.74

图5.75

图5.76

图5.77

图5.78

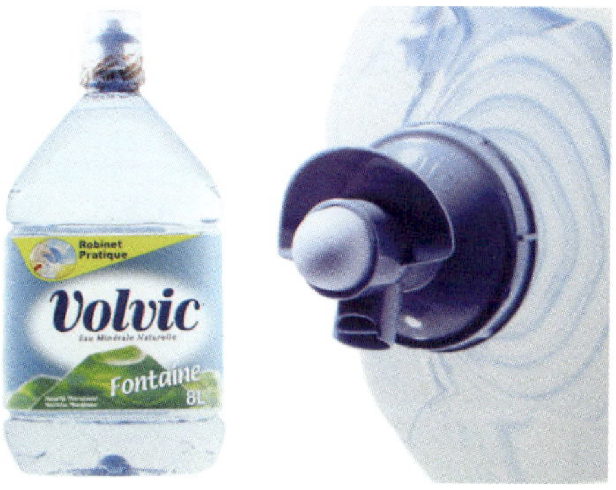

图5.79

图5.80

图5.81

第六章　包装的分类设计

第一节　食品包装设计

食品在人们的日常生活中属于第一消费品，随着当今时代的发展和物质生活的日益丰富，人们的需求也相应提高，不仅需要食品包装具有高品质、密封性、保鲜性和方便性的功能，而且也需要包装设计能针对不同人群、融入不同的情感因素。通常，食品包装设计按照使用的人群分为如下几类：

一、儿童食品的包装设计

儿童食品的包装设计除了要具备安全、方便等性能外，还应体现快乐，融入趣味性。通常，儿童食品市场按年龄分为两阶段：0～3岁的婴幼儿市场，4～12岁的儿童市场。儿童在不同的年龄阶段，视觉、触觉上的感知都有所不同，其需求也不一样。

0～3岁婴幼儿食品的购买对象主要是孩子的父母，他们关注对孩子更健康、更有营养的食品，因此在包装设计中应考虑营养、安全、值得信赖的设计风格，不但要在包装上非常清晰地标明成分、配方以及适合食用的年龄阶段，还要帮助父母了解营养成分的来源，建立信赖感，而且针对很多年轻父母的心理特征，在设计细节方面可以很详细地标明食用方法、生产日期，避免食用中造成不必要的误解。

4～12岁儿童食品的目标消费者除了父母，还包括这个年龄段的孩子。包装要做到吸引孩子的注意力，且让孩子欢心、让父母放心。儿童易于接受视觉信息，他们对对比强烈的、鲜艳的、运动的、造型独特的包装更感兴趣，并能据此对包装内食品的良好味道和优秀品质产生联想。儿童对包装的认知主要是通过外形结构和图形色彩来感受。一般，儿童会先注意图案，后注意文字；先注意彩色的，后注意黑白的；先注意对比强的，后注意对比弱的。针对儿童的视觉心理，包装设计师可以采用愉快的色彩搭配风格，配以一些具有冒险、刺激、令人兴奋的故事或可爱卡通形象、人物造型等来进行包装设计。可参考图6.1~图6.5。

二、青少年食品的包装设计

“80后”、“90后”是青少年食品的消费主力军，由于他们是独生子女政策出台后的一代，所以他们家庭中的孩子数量较少，因此通过他们的父母或者祖父母的资助，13~25岁的消费者有了更多的财源，这一现象在日本被戏称为“六个钱包”。这些青少年在购买商品时，更重视同龄人的选择，而不是公司的知名度，一个同班同学的购买行为有时会带动整个班甚至整个年级的购买。包装风格是影响青少年是否认同商品品牌的最重要的因素，具有时代特色和流行趋势的设计风格才能引起青少年的共鸣。青少年普遍更乐于接受明快、轻松的设计。针对该年龄阶段的食品包装设计不仅要在色彩和图形上考虑青少年的审美趣味，对食品名称设计也需进行深入研究。一些与潮流事物、新鲜事件有关的命名以及彰显个性和酷劲十足的设计更容易吸引他们的注意。可参考图6.6~图6.13。

三、成年人食品的包装设计

成年人是更具独立性、更了解自己需求的消费群体，他们的文化水平及经济收入的差异通常会影响其对商品包装的鉴赏和要求程度。

对于经济收入相对不是很高的消费者而言，商品包装不是主要考虑因素，一般这类消费者更注重商品质量，而对商品包装没有过多的要求。以这类消费者为营销对象的商品，包装应做到简洁、实在，而不宜过分强调装饰性。如普通工薪族讲求经济实惠，特别是被业内人士称为“新贵”一族的25～35岁之间的特定人群，家庭收入中高等，他们更清楚、更注重所吃食物的来源和营养价值，对包装有求实、求信的心理，针对他们的食品，包装不能过于花哨，

图6.1

图6.2

图6.3

图6.4

图6.5

图6.6

图6.7

图6.8

图6.9

图6.10

图6.11

图6.12

图6.13

图6.14

图6.15

图6.16

图6.17

图6.18

图6.19

图6.20

而应更强调品质的稳定感。可参考图6.14~图6.20。

而针对经济收入相对较高的消费者，除了对商品质量有较高的要求外，往往对商品包装也有着较高的要求。以这类消费者为营销对象的商品，在包装设计上就应着重考虑提升品位和档次，力求精美、优雅，以突出消费者的审美和品味。如金领、粉领、高级灰领和波波族，他们属于收入颇丰的成功人士，追求高品质，对包装较为讲究。他们有更多的机会在高级商店里购买食品，他们有更强的品牌意识，对包装的材质更为关注，针对他们的设计则需要强调设计感、技术含量、独特品位及产品的稀有程度等。可参考图6.21~图6.29。

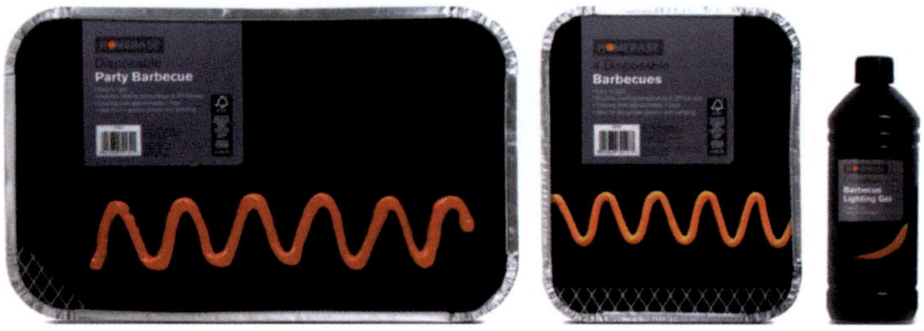

图6.21

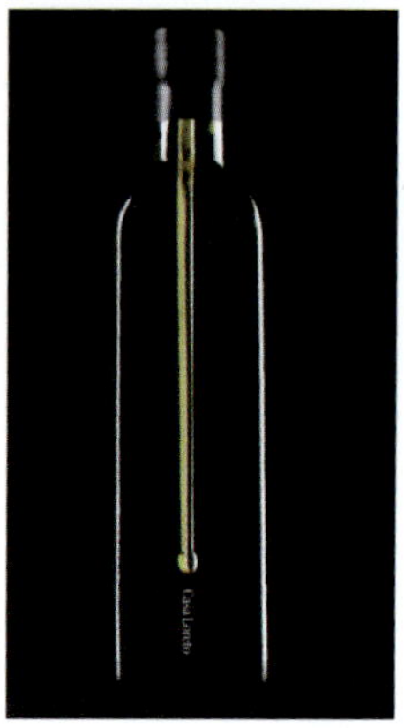
图6.22

图6.23

图6.24

图6.25

图6.26

图6.27

图6.28

图6.29

四、老年人食品的包装设计

老年人食品大部分都属于保健性的或祝寿性的商品，如人参食品、健脑食品、生日蛋糕、长寿糕点等，针对老年人销售的商品，包装设计在色彩基调上要稳重典雅、古色古香，包装上的图案也多为松鹤、蟠龙、竹梅等，以体现吉祥和美好祝愿，但是也不能一味讲求精美、繁杂，而应偏向于朴素、大方、简洁的设计。可参考图6.30~图6.34。

针对上述不同消费群体，只有进行准确市场定位，明确主流消费群体，采用适当的、有针对性的包装设计，才能将包装的附加价值最大化。

图6.30

图6.31

图6.32

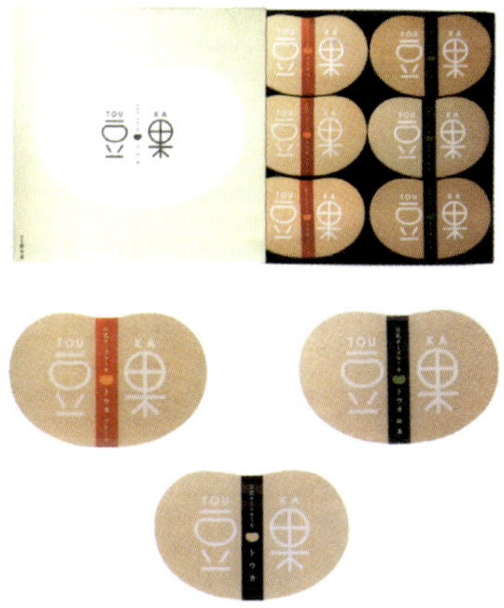

图6.33

图6.34

第二节 化妆品包装设计

化妆品种类繁多，按消费对象,可分为女性化妆品、男性化妆品和婴幼儿护肤品；按产品使用部位,可分为护发美发产品、面部护肤品、眼部护肤品、手部护理产品、足部护理产品、体用护理产品等；按特殊用途，可分为抗紫外线、去斑、去皱、营养增白、抗过敏等产品。每种类别的化妆品由于属性不同，都有自己的包装设计特征。化妆品包装的特性决定了它是融商品性与文化性、艺术性与科学性、审美性与趣味性为一体的设计。化妆品包装不仅更新快、设计前卫，而且加工工艺水平要求越来越高，化妆品包装首先要求不能同内容物发生任何化学或生物反应；其次要求使用方便，要具有一定的耐用性；再次要具有很好的外形，起到推销作用。因此许多产品不仅卖功效，更出售时尚和文化。化妆品包装有如下特征：

一、细分定位

消费对象的细分决定了产品包装的细分，化妆品也是如此，就其包装的色调而言，针对女性的产品多采用能体现女性优雅气质的温馨、轻柔、高贵、典雅的中间色,大多女性都偏爱这一色系。当然，也有些化妆品一反常规，采用强烈的色彩进行对比。而针对男性的产品则常采用黑色、深蓝、银色等大块色彩,用以突出男性的刚劲与神秘。儿童的化妆品包装设计则采用幼嫩的粉色系,与儿童的形象相吻合。可参考图6.35~图6.40。

图6.35

图6.36

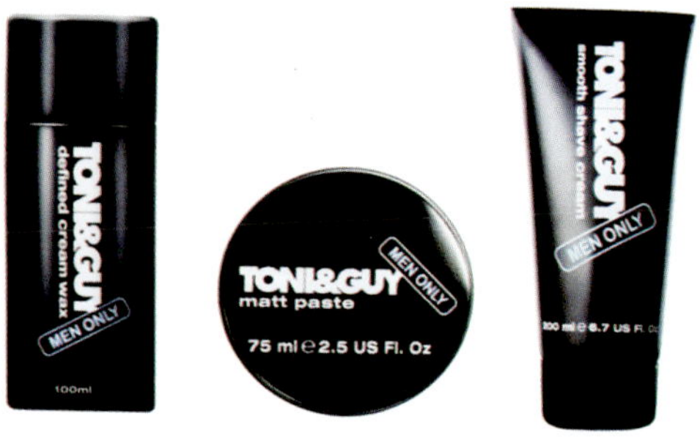

图6.37

图6.38

图6.39

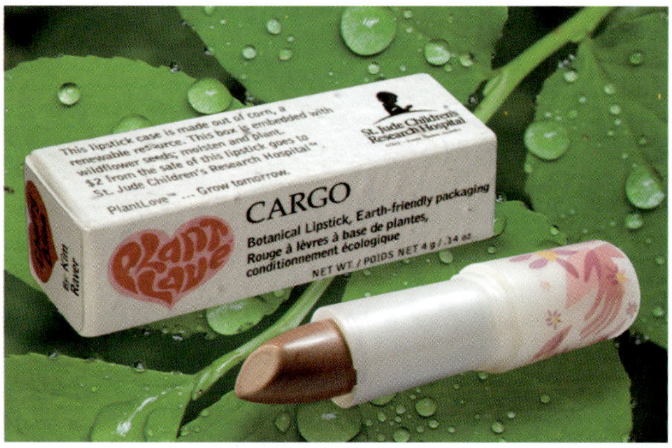

图6.40

图6.41

图6.42

图6.43

图6.44

二、彰显品牌

大多数消费者倾向于购买誉度高的名牌化妆品，因为名牌意味着产品质量有保证，易让人产生对其产品的信任，也是个人身份和品位的体现。老品牌往往通过包装的视觉元素来突显和强化其品牌的特征，而对于在市场中资历尚浅的新品牌而言，构建新产品的形象则显得极为重要。当消费者深深爱上某个特定品牌时，他们就会花费时间去寻找它，甚至还会不惜花更高的价格去购买它。化妆品包装设计要彰显品牌，首当其冲的是商标设计，通过包装上的商标来使消费者记忆该产品，具有代表性和独特性的商标往往能给人留下过目不忘的深刻印象。可参考图6.41~图6.44。

三、表现个性与时尚

化妆品不仅仅是一件商品，更像是一件时尚品、艺术品，而它的包装正是传达这一信息的载体，因此个性化、时尚化的设计就不可或缺。化妆品包装设计在图形选择上，有的以精美简

图6.45

图6.46

图6.47

图6.48

洁的图案装饰，或是抽象化的图形来表现产品的信息，显得概括、简洁、新颖，具有现代感，给人以丰富的联想；有的选取中国传统的民间纹饰、传统造型，适当融入现代的元素，使化妆品包装既有灵动的外在表现又富有传统的文化内涵。成功的包装设计是针对不同的消费群体，表达不同的审美情趣。可参考图6.45~图6.48。

四、多样化的容器规格

化妆品包装容器的大小呈现多样化趋势，既能满足不同的消费群体，也方便消费者对量的选择。比如高档产品，采取小容量进行包装，以满足低收入者的需求，尤其是满足青春少女因好奇而产生的消费心理。容器规格的多样性也是为了满足不同用途的需要，比如试用装、简装、旅行装、豪华礼品装等，合理的大小更有助于消费者按需选择。可参考图6.49~图6.53。

五、系列化包装设计

系列化包装设计是指以统一的商标图案及文字字体为前提，以不同色调、水纹或不同造型结构为基调，所进行的同一类别的商品包装设计，要求同中有异、异中有同，既有多样化，又有整体感。在化妆品包装设计中，系列化设计可分为两种情况：一是同一品牌、不同功能的化妆品进行成套系列化包装，保持整体设计的风格，采用较大的容器将这些化妆品进行集合包装，作为一个销售单元进行整体销售，以方便消费者的购买，同时又使整体价格低于单独购买各个化妆品的总价格；二是同一品牌、同一主要功能，但不同辅助功能的一系列化妆品，或者同一品牌、同一功能，但不同配方的一系列化妆品，如某个品牌的多种润肤霜，其主要功能都是护肤，但辅助功能不同，再如某个品牌的多种洁面乳，其功能都是洁面，但制造的配方不同，在包装设计时就需要进行系列化设计。可参考图6.54~图6.58。

图6.49

图6.50

图6.53

图6.51

图6.52

图6.54

图6.55

图6.56

图6.57

图6.58

第三节　药品包装设计

药品是一种特殊的消费品，它涉及人们的身体健康和生命安全。因此,药品包装必须适合药品质量的要求，方便储存、运输和医疗使用。同时，药品包装设计还受到药品性质的限制，在包装设计中需严格按照国家颁布的相关医药品包装的法规实施，尤其是直接接触药品的包装材料和容器，必须符合药用要求，符合保障人体健康、安全的标准，并由药品监督管理部门在审批药品时一并审批。无论是西药还是中药，销售时都必须有包装，在每件包装上必须注明品名、产地、日期、调出单位，并附有质量合格的标志。药品包装必须按照规定印有或者贴有标签并附有说明书，标签或者说明书上必须注明药品的通用名称、成分、规格、生产企业、批准文号、产品批号、生产日期、有效期、适应证或者功能主治、用法、用量、禁忌、不良反应和注意事项。麻醉药品、精神药品、医疗用毒性药品、放射性药品、外用药品和非处方药品的标签，必须印有规定的标志。药品本身是具有特殊性的食品，其包装的特征如下：

一、相对统一的视觉形象

相对统一的视觉形象能加深消费者对企业品牌的印象，加强品牌的影响力，从而带来无形品牌资产。实际上，每种药物的科技优势总是稍纵即逝，当专利过期后，产品的生命周期就相当于走到了尽头，除非该药品在生命周期内就已建立起足够的品牌吸引力，否则，它们的竞争系统就很容易被效仿，从而失去竞争优势。药品包装的个性、色彩、外形以及所传达的情感内涵是经久不衰的，设计的多样性能很好地区分产品功能的多样性。药品外观的情感吸引力能够使一个品牌区别于其他品牌，并提供有形的功效价值。可参考图6.59~图6.62。

二、色彩符合产品特性

在药品包装设计中,要关注色彩是否与产品特性相符合。药品包装给人带来的联想来源于人们对设计中整体元素的感性认识。色彩可以影响人的健康，不同的色彩给人的感受不同，它是人们生活经验的积累或是对实物的联想而产生的一种印象。比如红色意味着力量，多用于补气、补血、壮阳等药物，但当用作妇科炎症疾病、止血等药物的包装时就要慎重；黄色和橙黄色代表了光明与关爱，多用在老年用药或者家庭日常感冒用药，但肝炎患者对黄色系就易产生反感和排斥的情绪；白色充满冷静、严谨、清晰的氛围，很多化学药物或者一些治疗心脑血管疾病的中成药包装会经常用到。总之，色彩是包装中很关键的元素，需要仔细研究，不同的药物应使用与其特性相符合的色彩才能提升产品的销售力。可参考图6.63~图6.68。

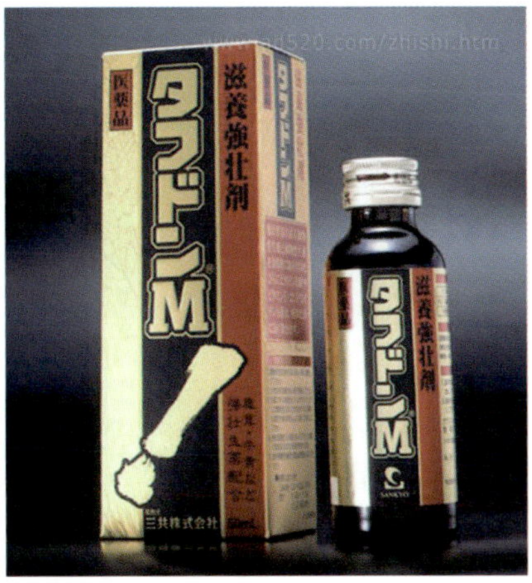

图6.59

图6.60

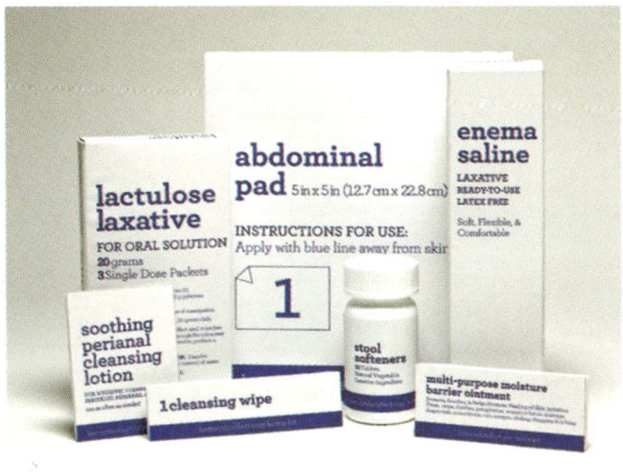

图6.61

图6.62

图6.63

图6.64

图6.65

图6.66

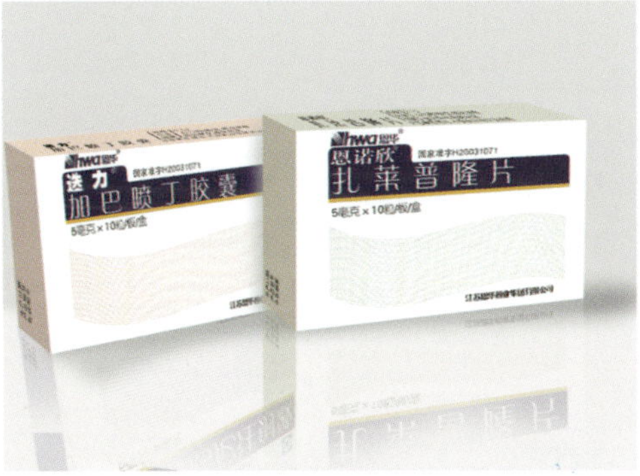

图6.67

图6.68

三、体现产品策略

符合产品策略的药品包装设计才能起到传播的用途。与产品毫无关联的所谓“漂亮”的设计是无效的。同时，还要避免有些元素的同质化，比如好多胃药的包装上都会出现胃型图案，但这只能算简单的产品元素或疾病元素，并没有体现出太多的产品策略，既缺乏深意也容易同质化。好的包装元素往往会成为传播的重要基因，比如三金片的“Y”形箭头，达克宁栓的郁金香图案、芬必得的人形线条等，这些都能够让产品的包装传达产品的功效，并推动产品的销售。可参考图6.69~图6.83。

图6.69

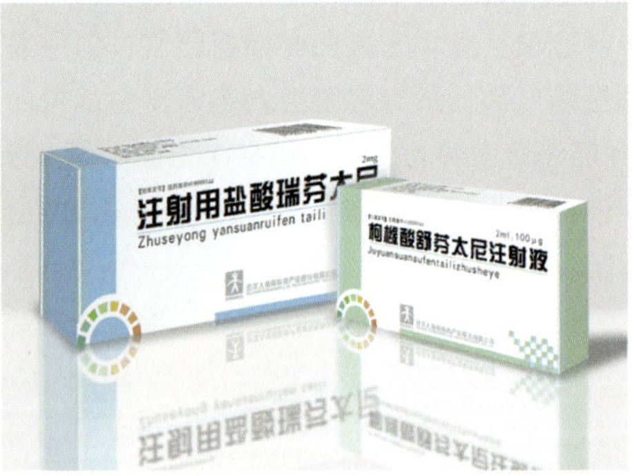

图6.70

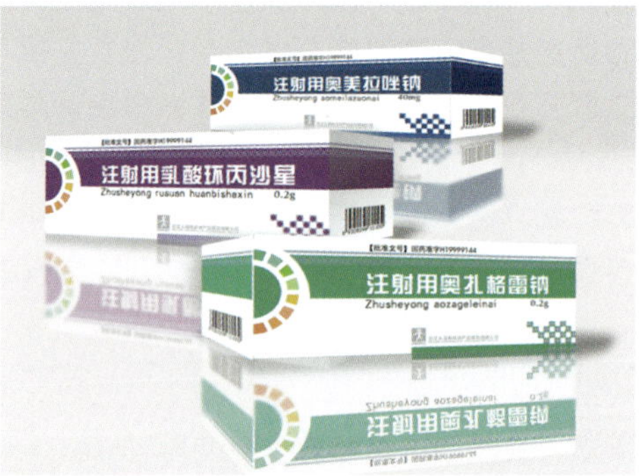

图6.71

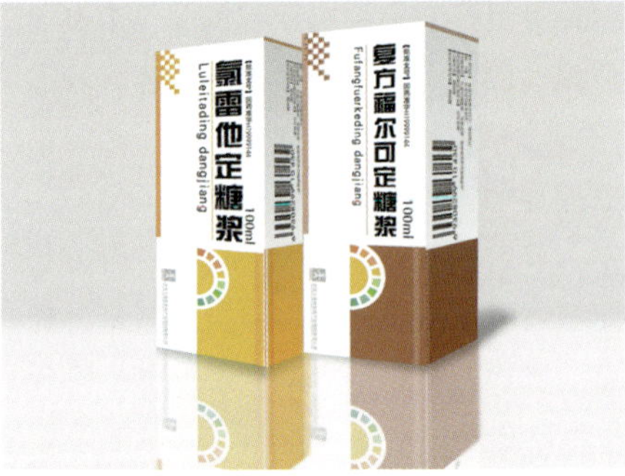

图6.72

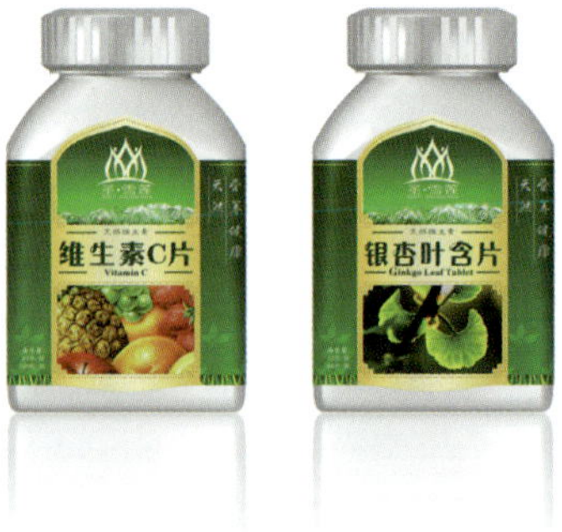

图6.73

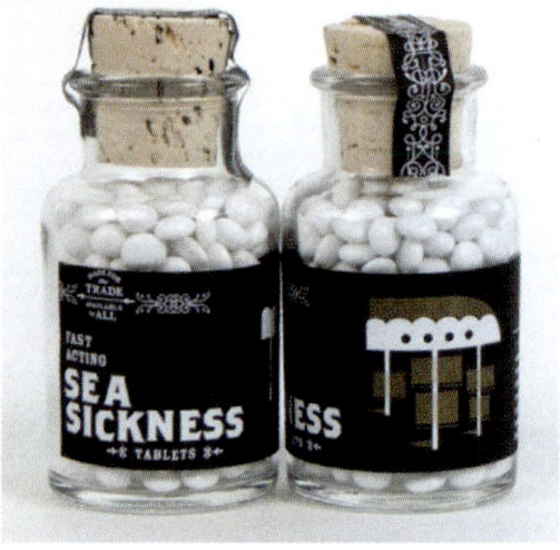

图6.74

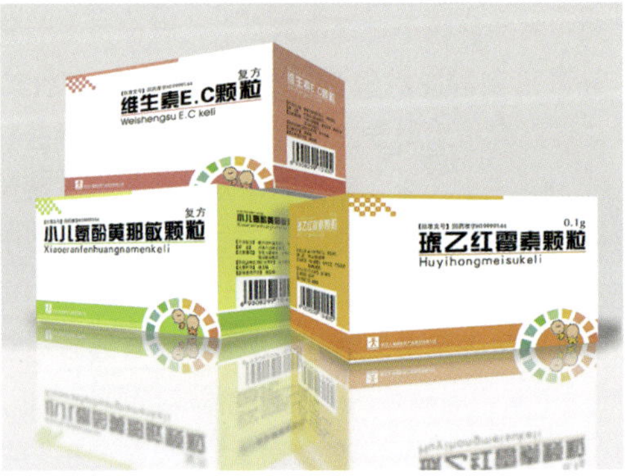

图6.75

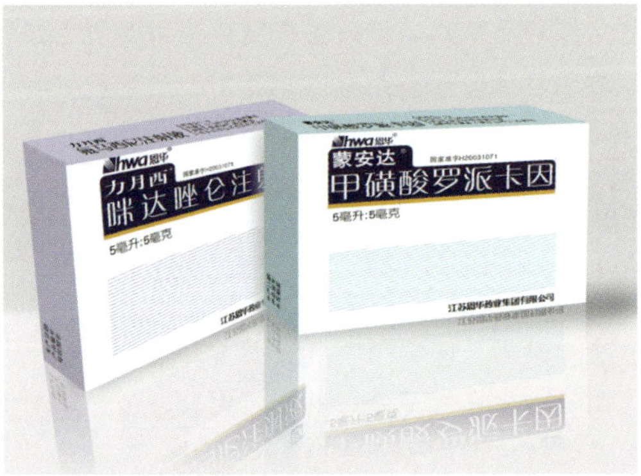

图6.76

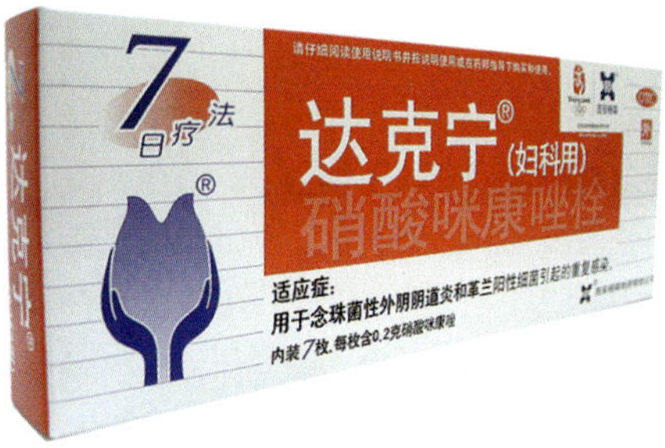

图6.77

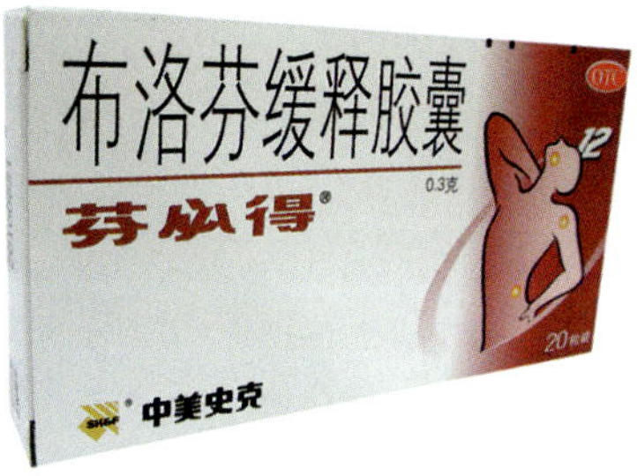

图6.78

图6.79

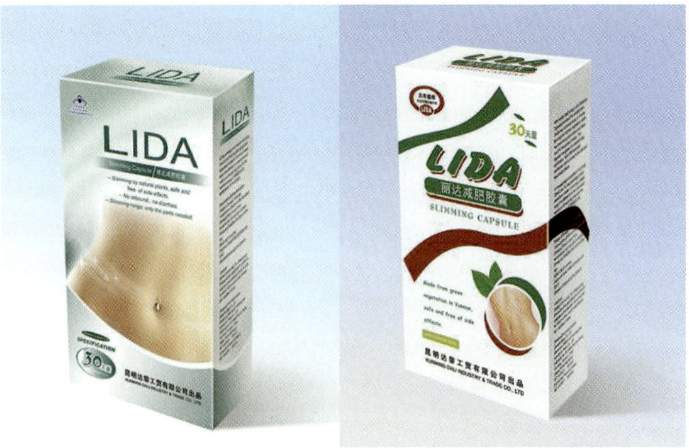

图6.80

图6.81

图6.82

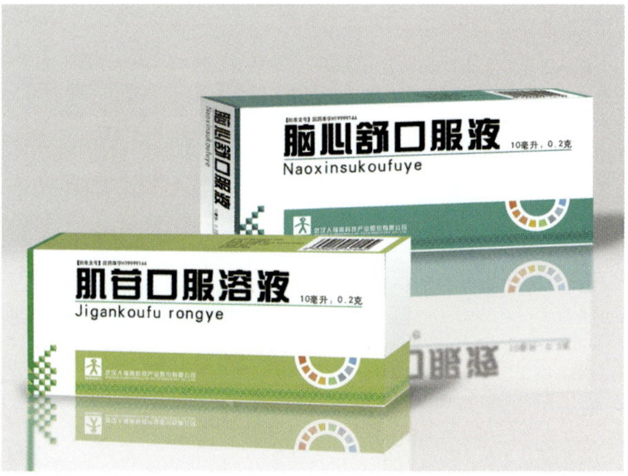

图6.83

第四节　酒类包装设计

酒的品种繁多，酒的分类方法也很多。按商业习惯可分为白酒、黄酒、果酒、药酒、啤酒五大类，按生产方法的不同可分为蒸馏酒、发酵酒、配制酒三大类，按酒精含量不同又可分为高度酒(40度以上)、中度酒(40度以下20度以上)和低度酒(20度以下)三大类。酒是过年过节或礼尚往来的馈赠佳品，也是日常生活中一些人们的嗜好之物。这类产品的男性消费群体居多，因此在设计中要根据其特征和使用人群的性质来定位酒的包装设计。酒包装的特性如下：

一、凸显品牌

消费者购买酒产品往往不单是品味酒的本身，同时也是获得一份情感上的满足和慰藉。对于许多消费者来说，品牌意味着承诺，而包装设计塑造了品牌的形象，并在消费者和产品之间建立了一种联系，它以可视化的方式承诺了酒的质量、价值、效果，让人有“系出名门”的感觉。可参考图6.84~图6.87。

图6.84

图6.85

图6.86

图6.87

图6.88

图6.89

图6.90

图6.91

图6.92

图6.93

二、体现文化性

酒在中国有着悠久的酿造历史，酒在几千年来的发展中沉淀了极其深厚的传统文化，而在国外，葡萄酒的酿造历史和文化积淀也不亚于中国。酒作为商品，人们购买它，已由过去单一的以实用为主(生理需求)，转向欣赏、实用并重，并且不断向追求美观，获得精神享受为主(心理需要)转化。消费者饮酒更多的是为了一种心情、一种氛围、一种文化。以包装物质载体将文化传承其中，起到创造附加价值的这一个过程是我们增加产品中蕴含的文化概念、实现产品差异化的最有效途径，所以说，包装设计扮演着极其重要的角色。中国的酒包装设计与其文化的关系是一个复杂的、具体的、涉及面广的课题，品牌文化定位一定要明确，内涵一定要厚重，才能使酒的品牌拥有丰富而平稳的社会心理基础，才能拥有稳定的消费群。许多品牌把酒包装的差异性、独特性、原创性及小批量化、个性化等作为开发酒市场的主导思路，这使得酒文化与酒包装成了紧密联系、不可分割的整体。可参考图6.88~图6.93。

三、突出民族性

在酒产品同质化越来越严重的今天，越具有个性化、地域性、民族性、人性化的产品包

图6.94

图6.95

图6.96

图6.97

图6.98

装，就越具有竞争力。民族性的艺术不仅形式丰富，而且蕴藏着深刻的文化内涵，体现各民族的风俗习惯、情感心理和审美情趣。在运用时，若能将传统的、民族的设计手法融合、渗透到现代酒类包装设计中，则既能表达出独特的艺术韵味，又具有时代精神，才能做到商品的历史性和时代性的统一，更好地表达酒的内涵。可参考图6.94~图6.98。

四、物我同一化

所谓物我同一化，指的是自然随性、生动朴实。它代表了现代生活观点的发展趋势，表达了人们追求回归自然、返璞归真的境界，使人们的心理归属感得以实现。越来越多的设计将超越消费层而体现人与人、人与自然、人与社会的关系。包装设计正是通过物的“人化”和人的“物化”的统一，达到人与设计、设计与人的融合状态，从而使设计成为沟通传统与未来的纽带。可参考图6.99~图6.102。

五、防伪科技化

酒产品在防伪的要求上高于一般商品。在防伪设计时，设计师需要注意与酒类商品有相匹配的档次。如高档酒使用了颜色不匹配、档次较低的防伪瓶盖，不仅起不到防伪的效果，还会使品牌形象受到影响。而低档酒若使用了档次过高的防伪方法，又会增加其成本，不利于目标客户群。同时，防伪产品要适应酒类消费者的实际需求。比如，有的防伪设计导致酒瓶盖开启困难，有的设计安全性差，这都会降低顾客的购买积极性。可参考图6.103~图6.112。

图6.99

图6.100

图6.101

图6.102

图6.103

图6.104

图6.105

图6.106

图6.107

图6.108

图6.109

图6.110

图6.111

图6.112

第五节 玩具包装设计

玩具的包装设计是保护、宣传玩具的重要手段，由于包装盒的盒面本身就是反映商品信息的一个整体，因此，包装的画面设计与广告设计在某些方面很相似，最基本的要求是能迅速地吸引住消费者的注意力，以提高他们的购买欲望。根据面向的消费群体不同，玩具包装设计需要考虑的问题也不相同。

一、儿童玩具包装设计

儿童的思维处于人类思维的初始阶段，其视觉心理特征明显区别于成人,又有别于少年，甚至在儿童阶段中的各个时段之间也存在明显的差异。因此，儿童玩具包装设计是针对特殊群体，他们生活经历少、受教育程度浅，同时会渗透着父母的喜好,所以不同于其他产品包装设计，儿童玩具包装设计在表现的技巧上有着独特的方法。

(1) 巧用图形。图形语言具有直观的传播力和便于思想交流的优点。优秀的图形设计可以在没有文字的情况下，通过视觉语言使人们彼此沟通理解；可以跨越地域的限制、语言的障碍、文化的差异而进行无声的交流，达到无声感染的艺术效果。现代玩具包装中的图形设计丰富多彩，题材多为卡通图形，在卡通图形里，人类的想象力得到了自由的发挥。相对于其他图形艺术形式，卡通形式使人更易理解，更加生动、趣味横生，给人们带来快乐，可以说，卡通图形是当今玩具包装设计的主流,它可以对儿童产生视觉上的冲击力，刺激他们对玩具进行快乐消费。

(2) 色彩渲染。儿童天生对色彩感觉敏锐，他们天性喜爱色彩斑斓的花蝴蝶、变色龙、鲜花等图案。色彩的渲染在儿童玩具包装设计上的应用十分重要。一般，其用色是有规律可循的，主体色彩对比应强烈，多为原色对比，尽量避免用低明度、低纯度的色彩。高明度、暖色系的颜色尤其适合表达儿童热衷的绚丽色彩。高纯度的色相相对比较热烈，视觉感受更鲜明，使画面欢快活跃、冲击力强、感召力大。还应注意在儿童玩具包装设计中，无论是在同一色相还是在不同色相之间做变化，均应体现跳跃性这一特征。

玩具包装设计中的色彩设计对于玩具画面装饰很重要，它既是构成玩具商品的要素之一，又是玩具包装整体美的重要组成部分，是玩具包装设计的中心环节。玩具包装色彩选用应主要依据玩具产品色彩的特殊性及色彩构成原理来进行，同时要把握住消费者的心理活动意向。

(3) 创造趣味性。趣味性特征在儿童玩具的包装设计中使用较为广泛。以趣味性为设计中心的包装设计，利用了儿童好动且注意力易涣散的特点，极易吸引儿童注意力。融趣味于设计，能使孩子在玩乐中找到愉悦感。儿童玩具在趣味性设计方面与其他商品有明显的不同，儿童心理学家曾调查得出：儿童在自娱自乐的绘画中总喜欢把画面画得满满的，不留空隙地涂鸦各种“稀奇古怪”的图形。因此，大多数儿童玩具包装常常采用“满幅式构图”形式。但值得注意的是，画面内容丰富的同时，应注意控制构图的层次性, 做到主次分明，层次多而不乱，这样才会有立体感与律动感。

增加儿童玩具包装趣味性的另一个有效途径是包装的开启式设计。包装开启不光是一个动作，更是一种产品与使用者的互动交流，它是使用者最先通过视觉、触觉去感知和体验的重要部分。包装的封口装置不仅将商品保存在包装内，同时也是消费者取用产品的通道。人们可能会仅仅因为商品包装难以撕开和剥下或不便开启使用等小问题而拒绝购买。反之，儿童同样也会因为包装的开启方式的简易性和趣味性,而产生购买欲望，最终导致购买行为的发生。而且,开启式的设计可以使儿童从开启处获得对玩具产品的直观感受，加强他们对产品本身的识别，从而直接引起他们对玩具本身的兴趣。

二、成人玩具包装设计

如今，随着现代人工作、学习压力的增大以及日常生活的枯燥单调，成年人也成为了玩具购买的主流人群。成人玩具的目的是让成人通过把玩而宣泄情感压力，以求缓解疲劳、调节情绪，可以说，成人玩具是身边的心理医生。针对不同层次的消费者，成人玩具的包装设计也不尽相同，比如，成年女士喜欢高档精美的装饰性玩具，如布娃娃、毛绒娃娃和小动物等；中年人则会选择具有消遣性和收藏性的玩具，如汽车模型军事模型；而成人玩具市场消费的主力军——年轻人，则大多数喜欢具有特色与个性的收藏类人偶玩具。

成人玩具的消费群体大多有着稳定经济收入，其中高薪阶层不占少数。成年人对玩具除了一般的娱乐功能要求外，还多了一项收藏的功能，因此在成人玩具的包装设计上，档次感是必需的，其包装的直观上应拉开与纯粹玩乐商品的差距，保护商品的功能已作为次要考虑因素，而使商品增值和促销的功能则应首先考虑。同时，成人玩具的消费主力军——年轻人喜欢标新立异、与众不同，个性时尚的设计大多能被他们广泛接受，特色玩具本身的特点在于不断地创新，在包装设计上也应与之呼应，不能过于系统化和使用太固定的模式，自由创新、不断变化是使包装设计增加魅力的重点。可参考图6.113~图6.124。

图6.113

图6.114

图6.115

图6.116

图6.117

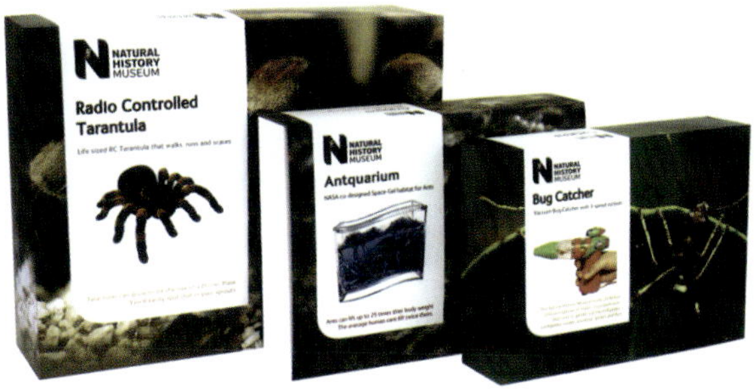

图6.118

图6.119

图6.120

图6.121

图6.122

图6.123

图6.124

第六节 数码电子产品包装设计

数码电子产品属于精细产品，由于产品本身具有高科技的特性，其包装极看重保护功能，因此，在进行包装设计前，应首先了解被包装数码电子产品的易损度。数码电子产品的包装设计就是根据被包装产品易损度的大小以及包装件所要经受的流通环境条件，来选择适当的缓冲保护材料，对内装数码电子产品加以保护，使其在流通中能够经受住一些意外，从而达到保护产品的目的。在设计数码电子产品的包装时，为了充分地体现产品所具有独特个性，体现出数码电子产品的科技感、时尚感、年轻感，还需要优质的包装材料以提升其科技含量，并且还要注重特种印刷工艺的运用。

一、大家电包装设计

大家电的包装大多以瓦楞纸箱为材料，受全木浆牛卡、挂面牛卡等一类面材的制约，大家电包装装潢设计大多利用牛卡本身的材质色彩做主体色，具有纯天然、工序少、成本低的特点。以涂布白牛卡纸、涂布白板纸为面材的瓦楞箱，由于其材质具备利于精美印刷的特点，瓦楞纸箱表面适于印制靓丽多彩的图形和画面，兼具保护、宣传和美化内包装产品的作用。在设计上，多以表现产品功能性为主，在图形与色彩的调配上，力求清楚、简洁。大家电包装上的品牌和产品名称通常设计为企业形象的代言而出现，在包装展示面上以点或面的形式出现，成为视觉中心，说明文字以功能性为主。大家电包装设计须在产品外包装上清楚标明品牌名称、产品名称、产品功能、安全标识、警示说明、专利授权、执行标准编号、条形码、质量合格证明等。由于说明文字必须清晰简练，所以多采用无衬线字体，方便消费者购买与阅读。大家电包装设计中所运用的以文代图的设计是由汉字或字母转换而来，利用字体结构的变形或文字间的编排来产生具有一定韵律的“图形”。

二、小家电包装设计

小家电包装设计通常以产品形象作为画面主体，产品呈现正立面或45度角的立面图，直观可视，消费者可清楚地从产品立面图中了解产品信息，从而满足消费者眼见为实的愿望。也有以外轮廓线勾勒产品，达到抽象的艺术效果的包装设计，消费者亦能从图形中了解产品类型与外形，这种包装设计对于具有艺术鉴赏力的消费者有极大的吸引力。小家电包装设计力求简洁，以自然环保的色彩为主，兼顾与家庭环境气氛的和谐感。小家电包装文字一般应根据主展面图形均衡排列，有围绕图形左右均衡型；有均等划分主展面，依次安放型；有以图形中心或重心为轴，围绕发射型，等等，应具体产品具体分析，如应考虑到人们的视觉流向都是倾向于右上方位置，另外，从左致右的阅读习惯也影响着版面字体的编排与摆放。品牌名、产品名放于显要位置，一般为主展示面最显眼的正上方，适当调整其大小，使消费者在几米开外的距离就可清楚辨认。

三、通信类产品包装设计

通信类产品的特点是轻便、灵活、极具变化和时效性，其包装应该体现迅捷便利。在造型上要前卫，在材质上要环保。在装潢线条上要简洁。通信类产品包装设计常选用产品形象做主体图形，在直观展示的同时，引入背景图形，使画面充实，空间感加强，又隐喻表现通信类产品“动”和“变”的特质。在色彩上多以代表高科技的蓝和稳重的灰为常见主体色与搭配色，突出通信类产品的时尚、高科技性。

四、电脑配件产品包装设计

电脑配件产品由于产品品牌繁杂，所以在包装设计上应注重突出产品品牌魅力。电脑配件产品包装色彩运用丰富，要表现出电脑配件产品的数字化特点，其色彩无论在对比还是明度的渐层上跨度都较大，力求强烈的视觉冲击力。一些本身就具有科技性与时尚感的色彩更是常被用于电脑配件产品包装色彩的主色调中。电脑配件产品的字体秉承数字化风格，夸张变形、张力十足，与图形和色彩风格遥相呼应。炫酷的主题反映在字体上表现为具有爆发性的冲击力、向四面八方扩展的力量，使品牌产品脱颖而出。可参考图6.125~图6.138。

图6.125

图6.126

图6.127

图6.128

图6.129

图6.130

图6.131

图6.132

图6.133

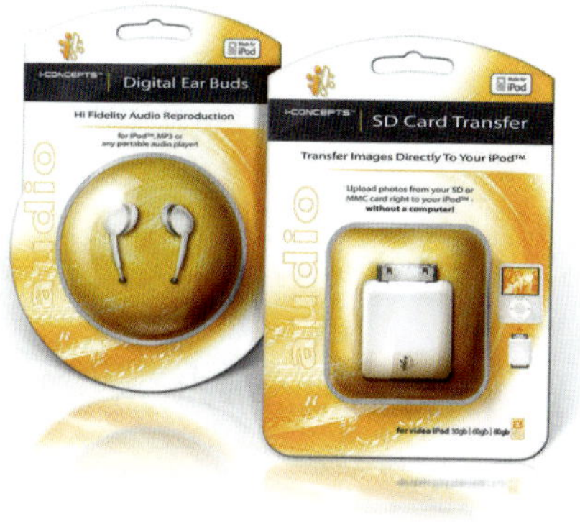

图6.134

图6.135

图6.136

图6.137

图6.138

第七节　礼品包装设计

礼品包装从材质、结构、装饰及制作工艺上都比其他包装更为考究,更注重包装的审美、趣味和文化内涵，这源于人们对“礼”的诚意和重视。

一、节日类礼品

礼品包装一般多用于节、庆、婚等场合，如母亲节、父亲节、儿童节、情人节、圣诞节、生日、春节、婚礼等，并根据节日的不同和所馈赠的对象的不同，体现出不同礼品的特殊用途。如春节的礼品，在包装上要表达新年的祝福，色彩多选择喜庆的红色、金色等，图案也是选用代表“多福多财、年年有余”或本年生肖的图形，寓意新年的好彩头。又如中秋佳节是中国人的传统节日，对于中秋佳节的礼品，设计师所用的手法哪怕再现代、再西化，但包装所传达的语言必须具有中华民族文化的特色，这些需在包装的造型、图案、字体、色彩等方面充分体现出来，许多的图案均有“花好月圆”的感觉，色彩也多是红色或金色系，这些都为人们所喜好。再如圣诞节这个西方节日的礼品，在进行包装设计时，既可完全采用西方的传统元素，也可融入东方文化，设计师多采用圣诞老人、小雪人、圣诞树等造型，色彩多选用红色、白色和绿色为主题，象征着节日、白雪和圣诞树，小小的礼品包装烘托出节日的浓浓气氛。可参考图6.139~图6.143。

二、业务交流类礼品

用于业务交流的礼品，其主要目的是与客户联络感情，以显示合作的诚意，因此该类型礼品的包装设计一定要体现出高档性，这既是对被馈赠者的尊重，也体现了馈赠者自己的身份。可参考图6.144~图6.148。

图6.139

图6.140

图6.141

图6.142

图6.143

图6.144

图6.145

图6.146

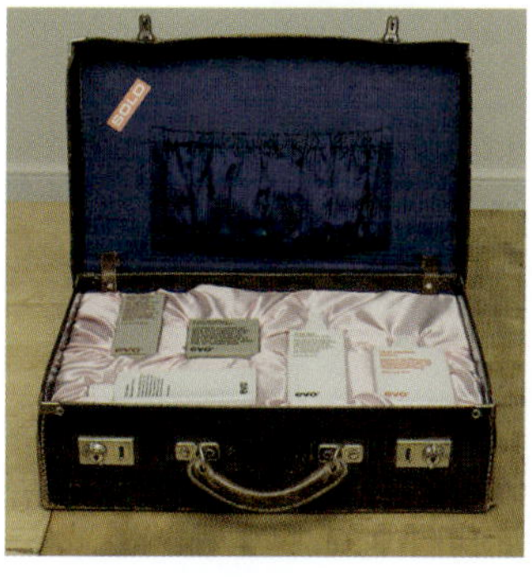

图6.147

图6.148

(1) 要选择能体现高档性的材料。但并不是所有高档性材料就一定能体现礼品的高档性，要看设计师是否能恰到好处地运用高档材料，否则有可能是俗气的包装。

(2) 低档次的材料也不一定不能体现礼品的高档性，若能运用适当，既能体现特色也会具有高档感。

(3) 纸是包装最常用的材料，如何能通过设计使纸质包装材料体现出礼品的高档性十分重要。纸又有许多的品种，大体上可分为即时性包装礼品的纸和礼品本身的外包装用纸。

(4) 要使礼品具有高档性，选择金属材料，如铁、铝等，也是一个不错的办法，因为金属材料挺括、有光泽，具有金、银器般的贵重感，且利于加工造型和印刷，此外，它还可以再生利用。

三、访亲慰问类礼品

用于拜访亲朋好友或者看望病人时作为馈赠之用的礼品，其包装设计要适合馈赠对象的品位和爱好。看望病人要表达出“早日康复”的意思，其礼品包装应简洁、大方，让收礼人感觉心情舒畅。而走亲访友时，要针对不同赠送人群来设计包装，如为男性设计的礼品包装应该突出阳刚之气；而为女性所设计的礼品包装应体现阴柔之感；为儿童设计的礼品包装应该有天真活泼的特点，如卡通图案以及红、黄、蓝等纯度较高的色彩都比较受小朋友的喜欢；为青年朋友设计的礼品包装应具有时尚感、朝气感；为老年人设计的礼品包装则应沉着、古典、有深度，过于花哨反而不受老年人的喜欢。可参考图6.149~图6.160。

图6.149

图6.150

图6.151

图6.152

图6.153

图6.154

图6.155

图6.156

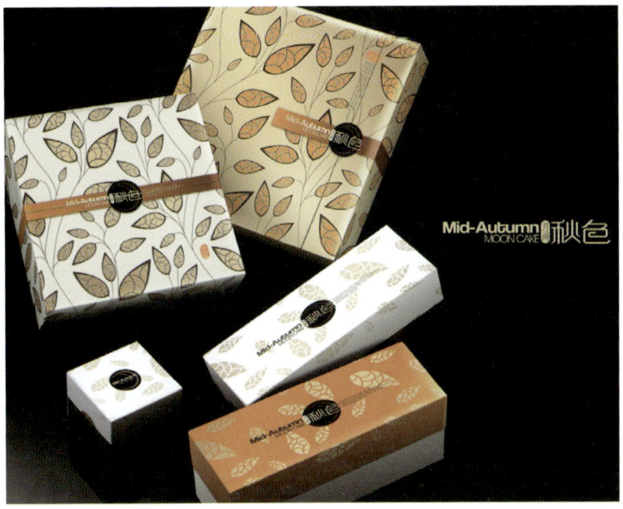

图6.157

图6.158

图6.159

图6.160

第七章　包装设计过程

客户在征求设计方案时，往往会同时找几家设计公司进行比较、选择，而各家设计公司则会进行能力演示报告，其中将会展示该公司的设计成果及其在完成各类设计任务时的工作方法。此时，双方将会就项目管理过程、工作方法、账单循环和客户联络等事项进行讨论。之后，客户就会要求被选中的设计公司提交设计提案。

一份设计提案会对设计的方法系统地进行定义，并明确设计过程中某些阶段内可提交的内容，从而对该项目的具体实施方法进行说明。有关审批工作的各项要求、成本、费用和开销也都应包含在这份设计提案内。在此阶段，双方还应达成保密协议，这有助于解决所有权和代表权等法律事宜。设计提案中涵盖事项的多少则取决于项目目标、客户及客户的预算，以及设计师或设计公司。

在谈及合作的过程中，需要确定相关费用。包装设计的费用因具体设计公司而异，并且常常取决于消费品的种类以及可参照的其他设计项目。确定项目费用的考虑因素有很多，该项设计任务的范围、客户公司的规模大小和设计公司的规模大小就是其中一些基本考虑因素。

报价有不同的方式，设计公司可针对设计的每一阶段确定费用，或者以小时或天数为单位计算费用，也可以就整个设计项目确定一笔数目固定的费用。相关费用的规定应包括支付时间表、成本和开销的估计值（其中应包括演示材料、扫描、设计提交稿、供应图片及产品样本、邮递服务、差旅等费用以及其他杂费）。在费用规定中还可包括或者单独列出照片式或插画式原创图像的制作、印刷或其他生产成本。此外，在最初设定的费用规定中，还应确定与设计所有权和取消项目相关的事项。接下来，客户会对设计提案进行审阅，并评估该提案对项目工作范围的体现程度、对一种互利式工作关系的展示情况，以及其中列明的费用和各项条款。

一旦这项设计提案被通过（即成为条款协议）并被客户签署，这份提案就变成了可对双方进行保护的、具有法律效力的文件，并且会对双方执行项目的情况进行追踪。一旦项目正式启动，那么客户对该提案所做的任何改动，如要求额外进行某些工作或者市场目标发生了某些变化，则将作为要求支付额外费用的正当理由，因为这些变更可能会对项目进度和可交付项产生影响。

在设计提案被该客户批准并签署以后，通常会由负责该项目开发的所有关键人员召开一次团队方针确定会议。设计师或设计公司所应发挥的关键作用就是领导创意工作，并在设计过程中始终将各项市场战略目标和目标市场作为工作重点。

第一节　研究和分析

通常的设计工作都是一个完整、持续而系统的过程。因为某品牌的各种产品常常演化为产品系列，所以在为该品牌规划未来时，就必须对其某一种产品发展的长期目标进行了解。需要了解的内容包括该产品在总品牌旗下的产品体系中的位置、全球营销目标和该产品发展的长期目标，这就需要进行市场调查的工作，可参见第二章第一节的内容。

一、门类及产品分析

在构思设计方案前，要了解该产品的优势、劣势及其在竞争中的总体实力，就必须对该产品门类展开广泛调查。同类产品竞争的信息可以提供一些线索，帮助设计师了解哪些元素可以吸引目标消费者。从而发掘出一些出色的设计方法，为该产品提供一种竞争优势。大多数产品门类都会有一套该门类特有的外观和特征，如颜色、版式、平面元素的使用方法以及包装结构和包装材料等都有助于对该门类的外观和特征进行定义。分析该类产品中在货架摆放效果最成功的范例，会有助于设计师创造出一件新包装的个性特征。另外，如果在设计中故意与一类产品的普遍包装式样背道而驰，则也会创造出一种设计独特从而获得更强烈效果的方式。了解新品牌的发展契机以及该产品门类中的潮流趋势，并始终关注目标消费者、该产品可被人感知的价值及其实际成本，这些都是本阶段所应考虑的重点。创意点子将会在这种研究和信息收集过程中出现。

因为产品的功能表现最终影响着消费者的购买决策，所以在进行产品分析时，要考虑到产品是如何发挥其功能的，应对产品的基本功能和附加功能进行评估，包括可靠性、使用便捷性、各种材料的最佳使用方法、货架空间的利用、该结构在人体工程学上的优点、产品及包装在使用后的处理和对环境的影响。

在产品分析过程中，应对正在使用的包装材料种类进行了解。此外，还要尽可能考虑到环保问题，如是否有机会使用可持续供给、可回收利用、可生物降解或可再度使用的材料。包装的实体结构也是品牌营销中不可或缺的部分，因此必须在设计任务开始时就对其进行认真考虑。

二、品牌名称的开发

在多数情况下，品牌名称是包装设计中最为重要的元素，因为品牌与其目标消费者之间关系的建立就是从品牌名称开始的。品牌名称对该品牌和该产品进行定义，对品牌的各项承诺提供有利支持，并会在理想条件下给消费者留下独特而深刻的印象，从而建立品牌资产以及奠定品牌在消费者心目中的价值基础。因此，应当花费相当长的时间认真考虑如何通过视觉手段诠释品牌名称，并由此开发出系列初步设计方案。

在开发新品牌或新产品时，关键的第一步可以说就是名称的设计了。因此，对名称的构思设想就成为一件包装设计任务中的重要组成部分。设计师也许会被邀请与客户、品牌名称顾问公司合作进行品牌名称开发，或者在某些情况下，设计师会全权负责品牌名称的开发工作。为产品命名是一个逐步演化的过程，在客观与主观、策略与情感之间保持平衡是关键所在。

通常的做法是，从一份与该产品及其可被感知的价值相关的单词列表开始。利用字典、百科全书，并翻阅杂志、报纸，寻找独特而难忘的词语。将各种单词和字母进行组合搭配，这样就会有新词汇产生。而这个新词汇必须好读易记，并能产生与产品有关的好的联想。例如Sony（索尼）就是个朗朗上口的名称。在索尼创立之初，井深大和盛田昭夫查阅了各种字典，终于发现拉丁语有“Sonus”一词，而这个词的意义是“声音”，正好与索尼的音像制品相配。而同时，当时日本“Sunny boy”（可爱的少年）一语也很流行。于是，经过商议，使用了Sony这个商标，接着，东京通信工业公司也就正式更名为Sony了。这个简单易记的商标很快在日本乃至世界成长起来。Coca Cola亦是如此，其配方发明人彭佰博士将两种主要原料可可（Coca）和可乐（Cola）连缀在一起而成。而更绝的是，我国的翻译者创造性地将其译成“可口可乐”，更是一大经典商标译案，不但“可口”，而且“可乐”，当然也就易记而难忘了。经研究发现，在产品名称领域，古怪的名称最适于那些有赖于人们感官的产品，如食品或时装，但在其他一些产品门类中却不大可能奏效，如保健类产品。对一件产品进行命名始终是一种非常复杂的技术工作，有时候即使是个古怪名称，其魔力也会随着人们的逐渐习惯而消退。产品命名的关键点是，即使这个名称没有任何实际含义，但也应能够从消费者处获得积极正面的反应。

三、借鉴材料及概念展示

创建一份借鉴材料是第一阶段调查研究中的一项重要工作。借鉴材料就是为某项特定设计任务而收集的视觉参考资料。对于设计师，不仅在激发设计灵感方面，而且在该产品或该品牌视觉关键点的定位方面，这份借鉴材料都是一项非常宝贵的资源。借鉴材料可以是从各种标签、挂牌、广告、明信片、邀请函、杂志剪报或壁纸图案中得来的平面设计作品、字体风格、照片、插画等。可以把这些资料作为对布局、风格和版式进行设计的出发点，而且这些资料也有助于促进创意点子的开发、设计手法的改进以及创意途径的选择。这些视觉参考资料还会为各种平面元素、字体和图像的开发过程增添些新鲜手法，或者将设计思路引入完全不同的创意背景中。一份借鉴材料不仅是保持创意思路时刻畅通的有效手段，而且也会使产品特征的形象化过程更为容易。

从借鉴材料或视觉参考资料中寻找有助于体现设计方向特征的相关信息，形成条理清晰的概念、基调、图像、品牌精髓和使用者形象等拼贴图，然后通过展示板的形式进行集体分析和评价。由创意团队进行的概念提炼和展示板制作，会传达出目标消费者的风格和个性、与产品特征形象相符的各种色彩、适合该包装结构的各种材料、目标消费者的形象，或者捕捉到该品牌精髓的一系列图像。制作一张概念展示板的具体方法可以是按照清晰有序的拼贴格式将各种借鉴材料定位，或者通过电脑对扫描后的视觉材料进行布置整理。对于设计团队来说，概念展示板是通过视觉手段塑造该产品个性的重要工具。当提交给客户时，概念展示板又可成为有助于客户对市场战略和包装设计战略进行形象化想象的重要途径。可参考图7.1和图7.2。

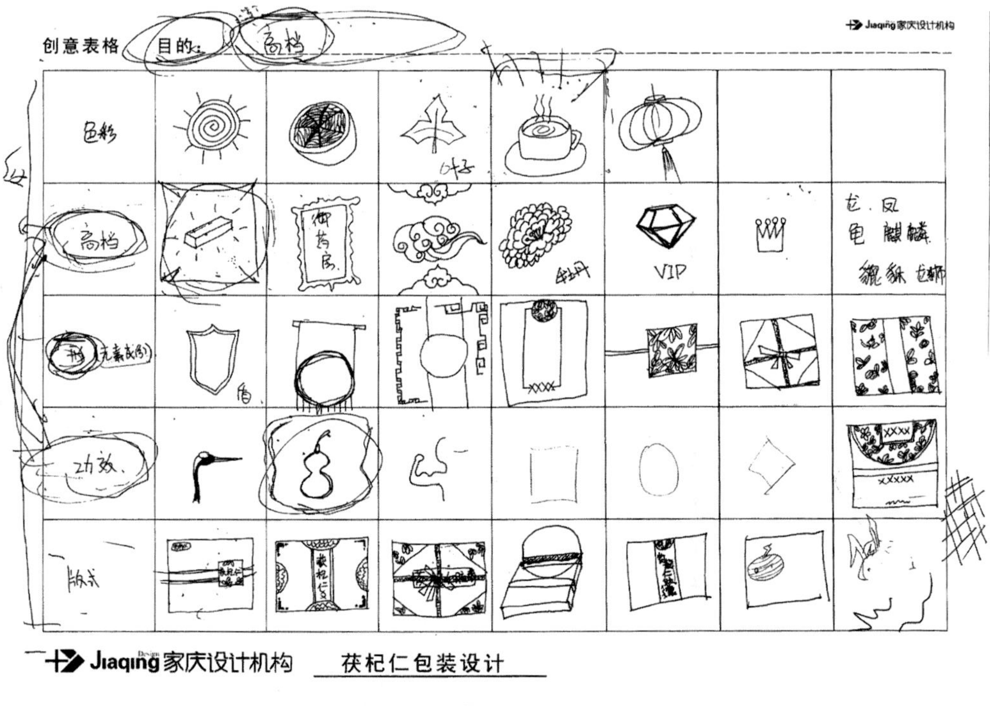

图7.1

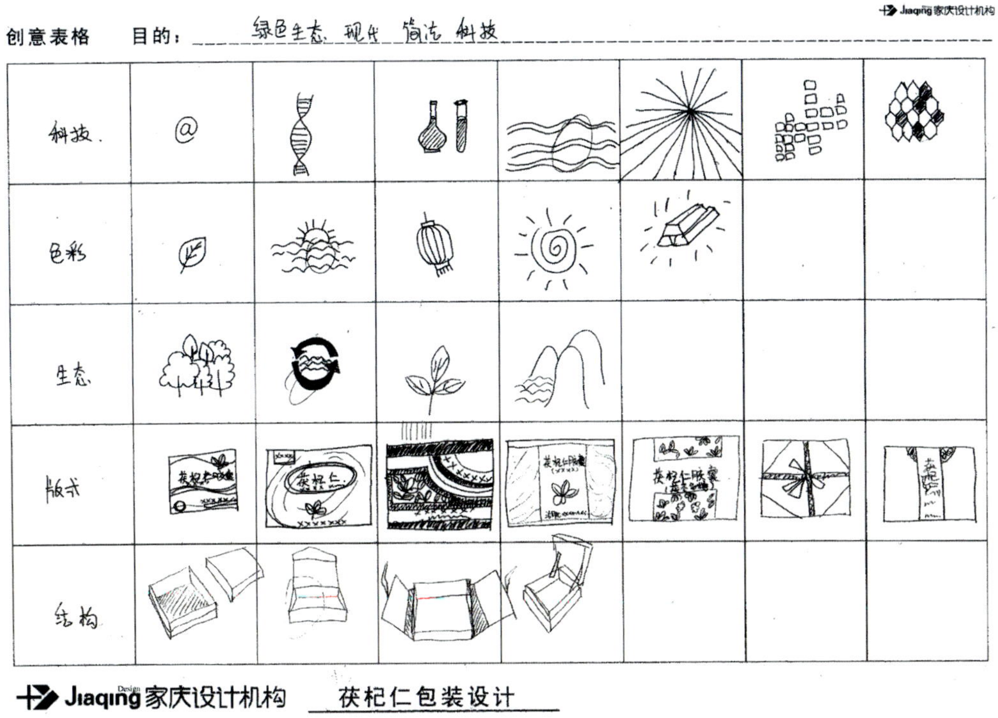

图7.2

在整个设计过程中，时间管理是关键的因素之一。在设计开始阶段，可以去图书馆查阅各类书籍和杂志，或者去商店里进行实地考察、观看电视节目和电影、听一听目标消费者常会听的音乐、研究一下各种潮流趋势。这些准备工作也许会花费时间，但却非常值得，因为这将有助于设计师更全面地设想各种契机和解决方案。要注意建立一份工作时间表、日志，对花费在一项设计工作上的时间进行记录，这样可在整个创意过程中统观全局，实现时间的有效管理。有效管理创意过程也就意味着设计师能够每小时获得更多的收入，而客户也能够更好地利用各项资源。

第二节　初步设计

创意构思的形成和发展源于第一阶段进行的各种调查研究。第二阶段的主要目标就是创意，这也意味着必须要摒除一些固定想法。在设计过程的这一早期阶段，应该对每个创意点子进行认真考虑，缜密思考、详细询问，甚至提出一些会引发争论的刺激性问题。因为一些最佳设计概念可能会从一些当初仅被认为“还可以”的创意点子中演化而来，所以此阶段应该把所有提出来的创意点子作为可实施的设计想法而加以考虑。

一、制定设计策略

概念构思、集思广益和试验是包装设计领域内用于概念开发的思考工具。集思广益这种由个人或小组进行的随意构思的过程或者说点子创想的过程，也是激发新概念和新思路的一种途径。在这一过程中，从关于该产品、名称、结构、门类和目标市场的任何直接联想到与该产品或该门类相联系的各种间接感知，以及可以想到的、与这项设计任务相关的所有想法都被写了下来。设计师列出一份形容词清单，不要自己进行编辑或删除，因为一个人认为不恰当的设计想法也许在另外一个人看来就是个出色的设计概念。集思广益的过程不应仓促进行、草草了事，一些最佳的创意想法就是在看似再也考虑不出任何新点子的时候才出现的。

保存笔记和日志的方法将会有助于记录各种创意点子，进而探索各种设计概念。和不同的人讨论这些设计想法，让他们给你反馈信息，并认真考虑他们的想法和评价。在对所有想法进行探索的同时，必须要考虑到目标消费者，设计师应该完全投入到他们周围的世界中去，当有了比较全面的了解和认知后，就能创建一个丰富的视觉资源体系。在这个过程中，设计师感到思维停滞、无法继续进行创想的情况是常有的事。为了走出设计工作的这种僵局，可以去散散步、听听音乐、锻炼一会儿、看看画面丰富的杂志或书籍、逛逛商店看看橱窗，试着去发掘新鲜事物，换换脑子，过滤吸收各种点子以便促进新灵感的产生。

概念和策略是相辅相成的。设计作品通过视觉手段体现设计策略，而设计概念就是这一特定设计作品的主旨。概念，这种目标明确的设计安排通常从集思广益过程中发展而来，并且是一种通过视觉手段实施创意想法的途径。

策略性考虑则是一个清晰设计概念的逻辑基础。设计师在探索设计概念的过程中不能完全被各种实际考虑束缚手脚，又不能完全将重心放在靠新鲜视角或激进式设计吸引眼球，而应该注意设计的适合程度是决定该产品包装效果的关键因素。每个包装设计概念都应该是体现丰富创造力的独特设计，并最终能够吸引消费者的注意力，应把每种设计策略方向都作为初步的设计概念而进行深入探索，通过多种途径对每个设计策略方向进行诠释，进而通过视觉方式进行传达，然后衍生出数个包装设计概念来。

二、勾画草图

设计第二阶段产生的各种概念会以草图的形式展现出来。在此阶段，要迅速地在纸上记录下尽可能多的创意想法。在概念开发的阶段，想出的创意点子越多，也就越有可能有一个创意或者几个创意的综合体符合已经确定的设计策略。

草图主要表现产品包装主画面的构图。草图就是在纸上迅速勾画的简图，是开发初步创意想法、标识设计概念和版式布局的一种方法。小型草图通常会在一本装订好的草图本或者一个构图设计便签簿里的描图纸上用单色钢笔或铅笔绘制。小型草图应在一个按照包装前表面或基本展示区域的形状尺寸成比例缩小的空间内绘制。这样做才能使草图精确反映出包装设计的外形尺寸。有了草图的帮助，设计师就能在纸上记录很多创意想法了。在此阶段，文字版式和各种平面元素的布局安排应该通过快速绘制草图的方式高效完成。虽然草图中不必精确显示字体和各种平面元素，但也要大致画出所用字体及图像的特征。可参考图7.3。

不同的设计概念会通过不同方式反映出一些特定的市场目标。通过草图要表现出最终包装设计上所有必须包含的元素，但也不应太过注重细节的分析和评判。把所有想法都记录在纸上，让设计开发在保持广阔空间的同时又不丧失其战略主题，这就是合理有效的工作方法。

在这个初步设计阶段，设计师应该收集大量的字体、平面元素和色彩，而且每种元素都应符合这一设计概念。任何设计任务都会有多个解决方案，每个方案都会体现一些独特的设计策略。在此阶段，确定多个设计概念是比较可行的，当然具体数量应视具体设计项目、客户和预算而定。只酝酿出一个设计想法，然后从中演化出各种变体形式，这种做法并不会获得一系列成功的设计方案。关键在于，时刻谨记有关该产品市场营销的各项目标，且更应始终考虑到目标消费者，因为这些因素将会直接影响设计过程对字体版式和色彩、平面设计的个性特征以及适于销售的各种设计概念的选择取舍。

图7.3

三、调整视觉层次

在勾画草图阶段就要充分考虑信息的层次。品牌名称与生产商名称的相对位置，以及口味、花色和产品益处这些信息的位置安排都会对包装设计中的传达要素产生影响。消费者首先阅读什么，其次阅读什么，再次阅读什么都由设计布局决定。包装主画面的布置格局确定了信息阅读的顺序。各种设计元素的尺寸大小、颜色、定位和相互关系都会影响消费者的目光在基本展示区域上的移动方向，进而决定了他们对所提供信息的重要性的理解。在每个包装设计作品中都会存在信息传达的数个层次。例如，一个总品牌旗下的副品牌的视觉传达（可参考图7.4）和表现同一品牌的并列产品的视觉传达（可参考图7.5）的画面处理的方法是有所区别的。

在一个产品系列中，必须慎重考虑各品种在包装设计上的区分度。产品的区分点无论是口味、花色、香味还是成分，都必须清晰明白地表现出来，以便消费者分辨。在为一个产品系列中的各类花色品种进行包装设计时，为了显示区分度，通常的做法就是在保持各包装在信息层次上一致性的同时，针对具体品种采用独特的图形、色彩、图标和平面图像以示区分。如果消费者无法对一个产品系列中的各类花色进行有效辨别，那么这一品牌的市场价值将会遭受严重损失，进而导致未来销量下滑。所以必须认真检查各信息版块在尺寸上的相对关系及其层次设置，以便确保消费者最终会依照设计师预先规划的顺序阅读产品包装，这样就能做到更有效的传达。可参考图7.6。

在处理画面信息时，应尽量将需放置的文字准备齐备，如果在完全规划好主画面后再回头考虑之前被忽视的文稿或者被遗漏的其他设计元素，那么设计工作就可能会遇到困难。如果设计师无法在设计过程的早期阶段获得所有的必要文稿，那就必须制作这些欠缺文稿的替

图7.4

图7.5

图7.6

代物，以便模拟出设计布局的最终效果，在做正稿的时候再替换上正确的文字。

四、评审设计方案

在设计的过程中，对于布局设计的各种初步构想会被不断地修改、相互组合或者彻底删除，然后最成功的几个设计方案会被保留下来进入设计开发的后续阶段。

在设计过程的每个后续阶段里，设计师都会采用与上一阶段不同的演示方法展示这些创意点子。在所有设计方案的演示过程中都必须就设计概念进行开诚布公的对话。评审设计方案应着眼于设计概念、方案如何获得更出色的效果、如何改进或修改其他那些设计方案以及哪些设计概念显得较为薄弱而应被淘汰。评审设计方案的目的就在于改进创意工作，以便创造出符合客户需求并受到市场欢迎的设计方案。

设计作品必须能够清晰地传达出设计者的意图或概念，而无需口头说明。使用图片编号或文字描述以便确定各个元素，这也是用语言传达设计意图的方式。为了辅助传达一个设计概念，可在布局图中添加各种质地的纸材样本、颜色、图像和字体风格。在演示过程中，要表述清晰，因为语言信息和画面信息都极易被误解。询问些具体问题并倾听回答，对各种反馈信息和评论及时做出反应，这些做法都会有助于交流过程获得成功。不要把那些未通过第一轮评审的设计草图或设计概念丢弃。不适合这个设计任务的设计概念也许会成为另一个设计任务的备选方案。组织管理好这些文件将有助于保存各种工作成果，以备不时之需。

第三节 设计深入及定稿

经过第二阶段的创意探索，逐步筛选出的数个设计战略方向将进入设计的第三阶段——深入及定稿阶段。在这个核心阶段中，所挑选出的一批创意方向将会继续发展，其中的设计概念也将会经过进一步提炼。最初通过草图表达的视觉元素将进一步细化，文字格式的选择、画面处理、排列方式、字距调整、连字符号和留空的距离等都要明确下来，图像、符号、图表也将根据其与具体设计概念的相关程度而被确定。这些图像也许会与一个标志图案联合使用，以便创造出一个更加独特的品牌标识，或者也可放置在包装设计上的任何地方作为另一个视觉传达工具。每种元素的使用都必须有的放矢，而不能只追求装饰效果，应根据这种元素在支持设计战略方面的作用大小而决定使用与否。

多种选择是本阶段的核心，即针对每个设计概念开发出不止一种标志、图像和色彩方案，并为体现选中的那个设计策略准备多个侧重于不同传达方式的设计概念。只通过变化布局和品牌标识而对同一个设计概念进行简单修改的做法是不够的。这些设计方案必须清晰地反映出各项市场目标，达到这一目的的途径有多种。每件设计方案中的各种具体元素必须能够协调一致地进行信息传达，色彩、图像、布局和结构都必须安排得当，便于阅读。还必须进一步修改主要展示版面上的所有一级、二级文稿和平面元素，并且开发出该款包装设计的上盖板、底板、后面板和各边板，将文稿修订的最终要求纳入设计考虑。口味说明、品种名称、产品名称和渲染文稿都被包含在了设计作品之中。法律要求列明的重量、体积或产品个数等信息的初步定位和布局也应添入包装的主画面。根据产品种类的不同，可在本阶段或者设计的最终阶段里把强制性规定的内容，如营养信息、成分、警告和用法说明等安排到设计稿中。接着，继续探索各种色彩设计方案，并把重点放在选择适于传达该产品信息的色彩系列上。可参考图7.7和图7.8。

一、图像选择

如果设计概念中用照片图像，则最好使用库存照片原材或者用数码相机进行拍摄。因为这个设计概念未必会通过筛选，所以花钱聘请摄影师进行图像的专门拍摄这种做法是不明智的。需要注意的是，当设计概念中采用了一幅“临时”图像的时候，应该告知客户这幅图像只是一个替代，其作用仅在于表达一种设计概念。如果客户选择这个设计概念作为终稿之一，那么就应该聘请摄影师或插画师进行图像的专门拍摄或绘制，或者对现有的图像原材进行购买。

寻找用于包装设计的各种插画或照片是一项非常重要的工作。在进行图像搜索时，尤其要注意考虑到版权和知识产权的问题。设计师将负责寻找和购买照片或插画原材的工作，并达成各项使用条款，其间发生的费用都将计入并取决于客户的预算，费用数额则受到图像的

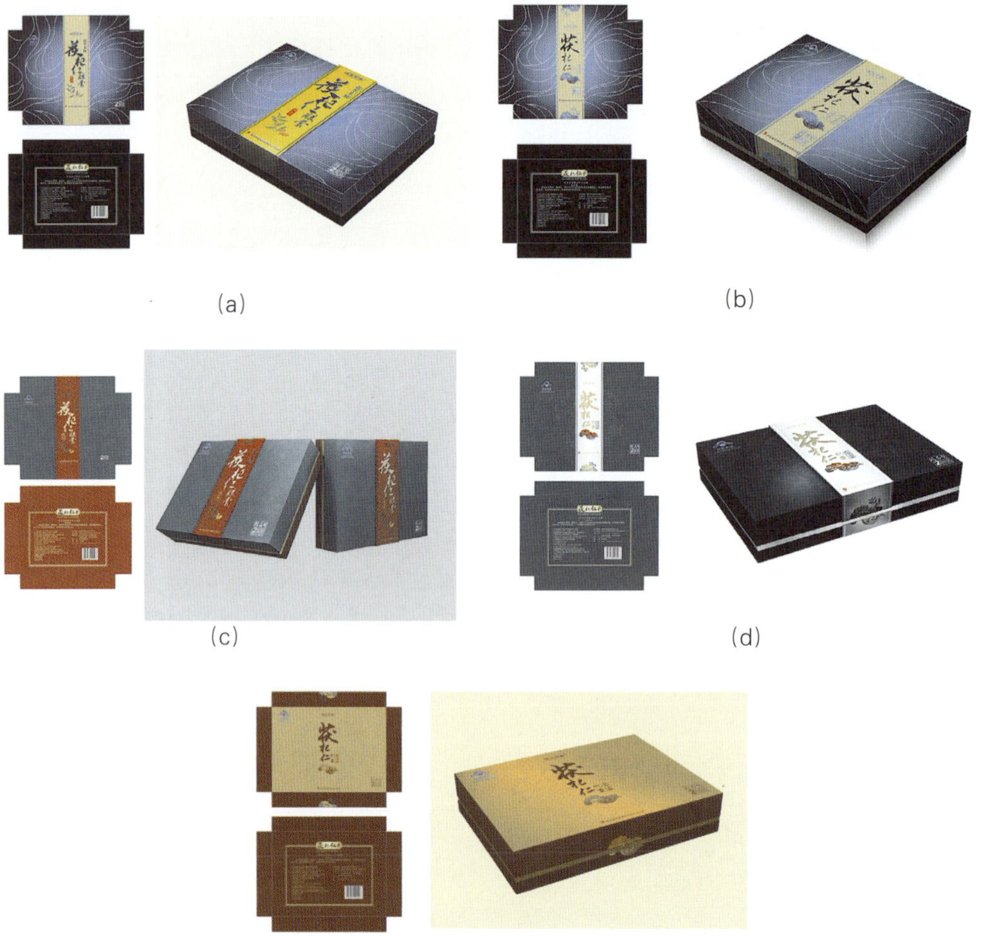

(a) (b)

(c) (d)

(e)

图7.7 茯杞仁胶囊包装设计一

具体选择以及对该图像的使用方法的影响。针对一个目标消费群或试销市场而使用的图像与一款在地区内、全国范围内或国际范围内普遍发售的产品包装上使用的图像，在费用方面将会有很大差别。如果客户的预算允许，可聘请一位插画师或摄影师进行专有（品牌专属）图像的创制工作。在这种情况下，签定合同就是关键。如果客户希望得到该创意图像或创意资产的全部所有权，就会完全买断。如果由于预算限制而无法购买现有创意资产，也无法聘请一位艺术家进行图像创作，那么设计师就必须对该产品现有包装使用的图像进行改良，以便获得本次设计所能使用的图像。

二、设计模型

设计模型是用模拟原型的方式在客户面前以实体形式呈现出经印刷的包装设计终稿的视觉效果。在设计模型上，设计师可以把品牌标识和所有其他设计元素有效地安排在包装的各个表面。设计师使用模型的目的是为了帮助自己或其客户通过形象化的方式考虑包装设计的立体形态。

一件模型应该能够以最佳方式呈现出包装设计的最终效果，因为一方面，它最接近包装印刷品的复制产物，能否说服和打动客户，它起了决定性的作用；另一方面，可在模型上就三维立体状态下各种元素的相对大小和定位进行评估和调整。在一个二维平面上，可把各种

图7.8　茯杞仁胶囊包装设计二

平面元素和文本贴近页边，能让其清晰可见。但在一个三维结构上，如一个包装罐上，某一个宽度内的包装面将会正对消费者，超出这个宽度的任何部分都将远离观察者的焦点范围。此外，在设计的三维模型中，版面布局和元素定位也将受到印刷和生产因素的影响，例如折叠纸盒的版面及各元素与折痕、划痕及切割线的距离。在二维平面上效果出色的平面元素也许在一个三维结构上会显得过于温和而不显眼，尤其是与其他同类竞争产品相比较时或被放置在普通零售环境中时，从而从适销性着眼而对设计方案进行筛选的过程中，可方便对设计模型进行修正、更改。

在设计深入阶段，必须在数码文件内对所有设计元素进行整理和适当的层次安排，并考虑到生产中的各项事宜。此时，应与供应商和相关的生产服务提供商们进行联络，并确认这些正在开发的设计概念是否适于生产。总之，这个阶段的目标就是创造出几个经过精心提炼并符合具体设计战略的解决方案。那些挑选出的设计作品将继续进入下一阶段并成为包装设计的定稿。

三、设计定稿

在设计过程的收尾阶段，经挑选确定的设计概念中的每个元素都会经历一系列提炼加工。

提炼过程也许会以客户的喜好为导向，或者以双方就色彩、版面处理或平面图像所达成的共识为依据。工作的重点在于完成设计作品的定稿，并使其中的每个元素都能发挥一种特定作用，并清晰地传达出预期目标，并应对所有文稿，包括强制规定的文稿，进行拼写检查。设计团队还应对所有法律方面的考虑因素进行检查，并在必要时经由客户法律代表审核。

接下来，就要为把最终通过审核的包装设计投入生产而进行各项准备工作，设计师或设计公司也许会负责准备用于生产的各种文件。在设计项目得到客户的最终认可以后，就会根据认可结果制作出全部所需的电子文件，工作也将被移交给一个负责生产的专业人士并最终付诸印刷。设计师最后的任务也许就是参加首批印刷检测，即设计师会到现场与印刷商会面并审阅该印刷工作的各项规格要求，并监督首批印刷的进行，以确立质量标准。印刷检测的结果通过审核以后，设计师的工作即告结束。

第八章　学生作品赏析

作品 1　“云南一品堂”茶叶包装设计

作品 2 “嘿咕噜嘟”系列产品包装设计

“嘿咕噜嘟”这一命名来自小孩子的咿呀学语的启发。这四个字都有口字偏旁，设计者为这四个字分别设计了代言形象，它们既是整体，又可单独成立。不同的组合方式带来不同的趣味性。这四个小玩偶各自有典型的形态特征，表现出不同的性格。设计者利用这几个玩偶来设计手提袋时，充分利用版面空间营造变化，有的与购物袋的提绳相映成趣，有的与其他道具构成生活场景与故事情节，虽然玩偶的外形充满童趣但其设计也能隐隐透露出很多成年人所苛求的放松的心态。

该套设计的亮点还体现在玻璃杯的设计上，几个小玩偶游泳嬉戏、扑鱼寻乐、水上划船，恰巧能与杯中的水巧妙地融到一起，给人们饮水时带来会心一笑。“嘿咕噜嘟”的整套设计采用了黑白色调，但并不让人觉得单调，反倒更强化了这几个玩偶生动的表情特征，因为命题的巧妙和极具个性特质的设计，使本套作品能给人带来一种鲜明的印象。

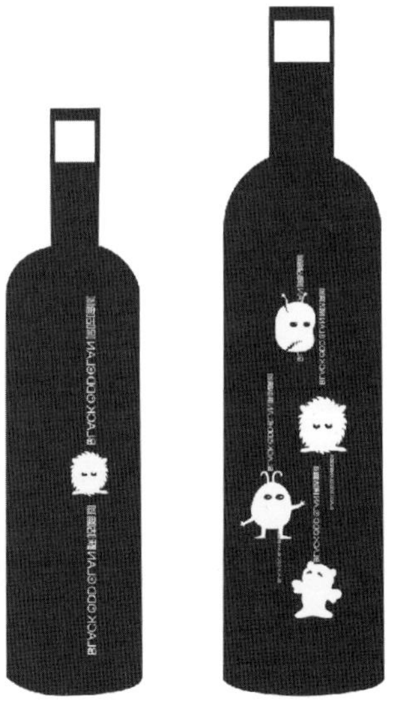

BLACK ODD CLAN
BLACK ODD CLAN
BLACK ODD CLAN
BLACK ODD CLAN

BLACK ODD CLAN
BLACK ODD CLAN

作品3 “巨光”灯泡包装设计

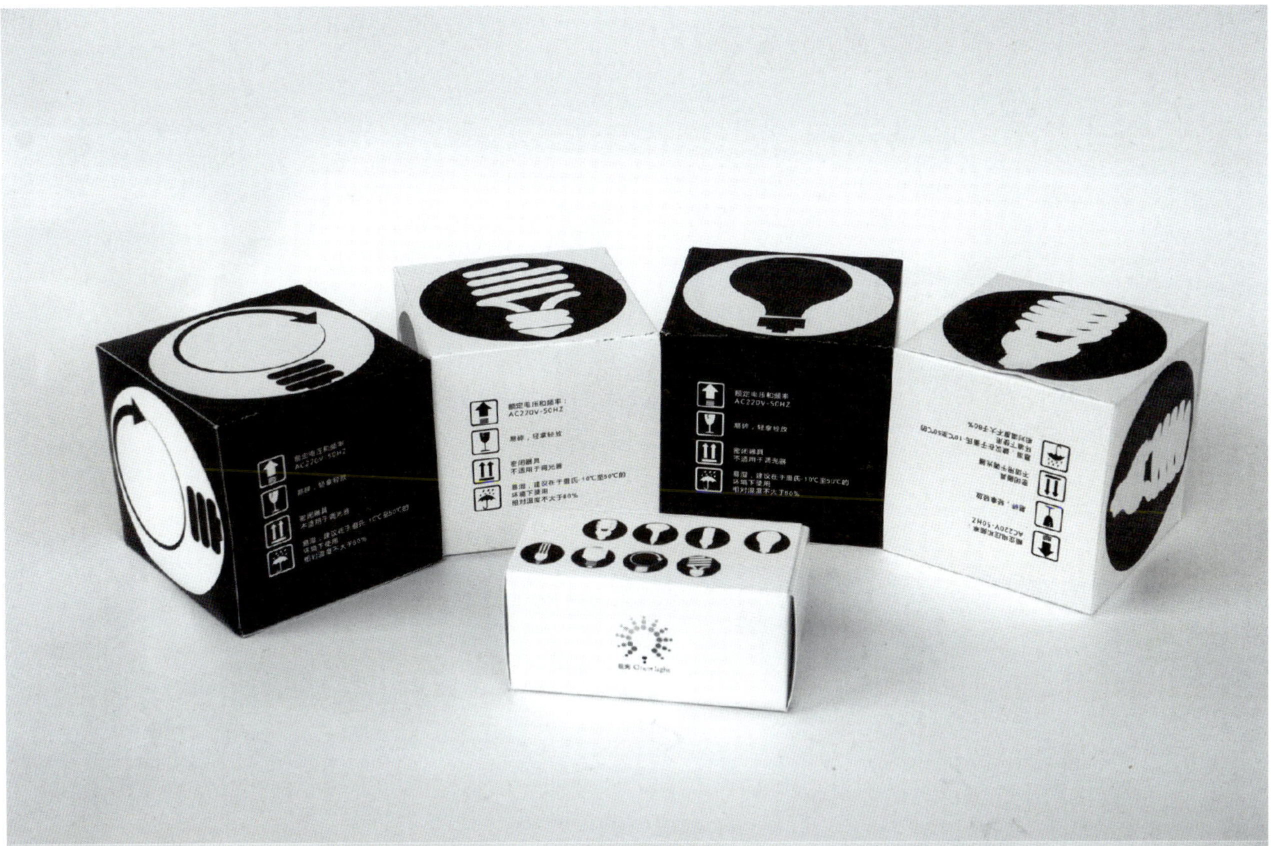

作品4 象棋包装设计

作品 5　“益禾堂”系列茶包装设计

作品 6　“楚韵”漆器包装设计

这是一套以“楚韵”为主题的漆器包装设计。红色和黑色的色彩搭配浓郁并能表现漆器的特点。包装中充分利用了古代漆器上的典型的精美图案。这些包装盒既单独成立又能和其他的包装盒组合而形成新的视觉画面，有很强的系列感。底纹采用了古代线装书文字，在装饰的同时也有对楚文化的介绍。为开业庆典所设计的手提袋上用了很现代的英文字体，但并不显突兀，反倒显得比较有力量。但包装盒上的“楚韵”二字显得缺少设计，标识感不强，应该有对文字的细节调整，而不是对古篆体的简单利用。

作品7　CD包装设计

在很多CD的包装设计中，一些年轻的设计师正试图从以怪诞、狂野著称的街头涂鸦中寻找创作元素和激情，将涂鸦艺术强烈的视觉语言运用在CD包装的个性化表现上，给CD包装的表现形式增添新的内容。随着现代商品包装设计的不断发展，平淡的设计风格与表现形式已略显陈旧。特别是现代消费观念的改变，“新”、“奇”、“逆”已成为商品包装设计中不可缺少的艺术形式。涂鸦代表了一种非主流精神，是一种遍及世界的以城市墙壁为创作背景的文化。涂鸦色彩明艳、个性张扬，以不同的形式展现创作者的生活态度，用以表达其所想宣告的意念或想法，来源于最直接的内心的声音，本套包装设计作品借助涂鸦艺术，给CD包装设计风格增添了多样化气息，也很好地表现了包装形象的个性。

作品 8 《集体同居》书籍包装设计

作品 9 “奇品堂”礼品火柴包装

如今，随着物质水平的不断提高，人们变得更加关注生活的细节，对像火柴这样并不起眼的小商品也很注重个性化的设计。通过巧妙的设计可以点燃人们对新事物的好奇心，让火柴不再是原来单纯作为引火、点烟使用的工具，而是一种新生活、新品位的象征。这套以“奇品堂”命名的礼品火柴包装设计将火柴包装盒做成了一本书的造型,图形的设计上也颇具新意:一套是用书法的形式将字和图相结合表现出十二生肖的象形文字,一套是用世界地图组成十二生肖的图形,如此用心的设计手法让简单的火柴不再简单。

作品 10　“JUNA”办公用品包装设计

“JUNA”文化用品（Juna-Stationery）是一个以简约、环保、现代为设计理念的文具以及办公用品品牌，产品的包装选用了牛皮纸为主要包装材料，整套设计比较强调包装的结构和形式感。标志是整个包装的核心所在，没有过多的图形修饰和多余的色彩，甚至包装上只有一个标志，简约、易懂、一目了然。消费者会通过图形符号直观地透视到该产品的设计风格。包装中的树、叶子等简化的图形多而不繁、简而不空，位置巧而不显，图形的色调以及形状融合在整个包装之中，凸显了产品的个性，使包装盒画面简约中透露着文具产品的活泼氛围。

作品 11 中药包装设计

作品 12　“无界”系列包装设计

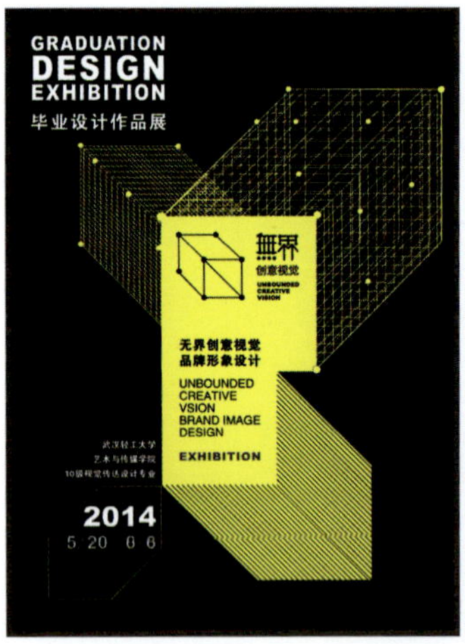

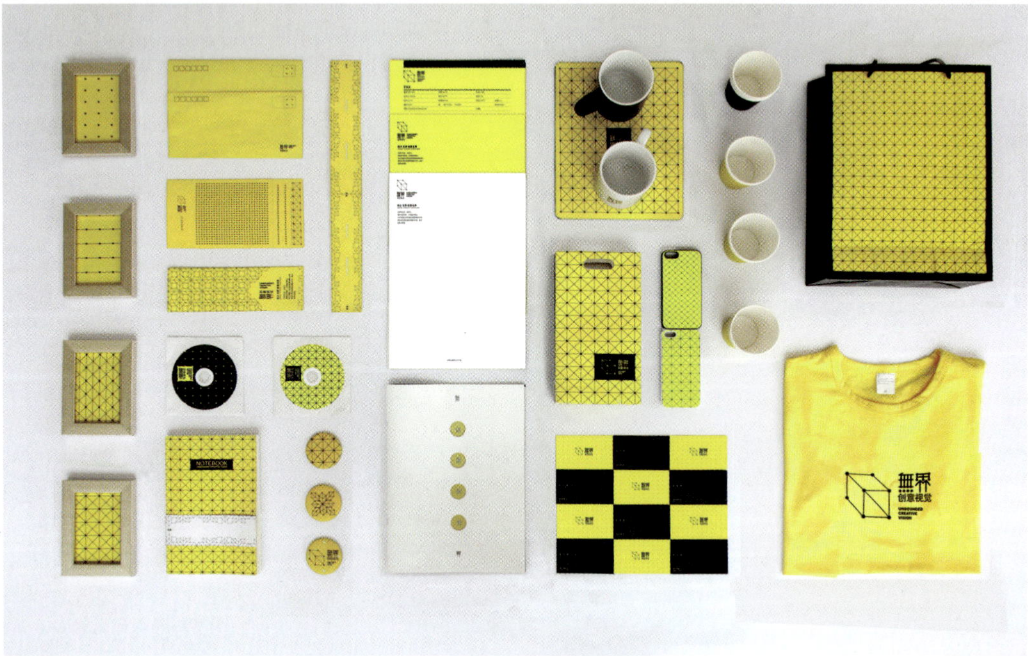

作品 13 “花姐”花茶包装设计

作品 14　宠物食品包装设计

(a)“多乐”狗粮

(b)“爱宝”宠物食品

作品 15 “年年有鱼”品牌包装设计

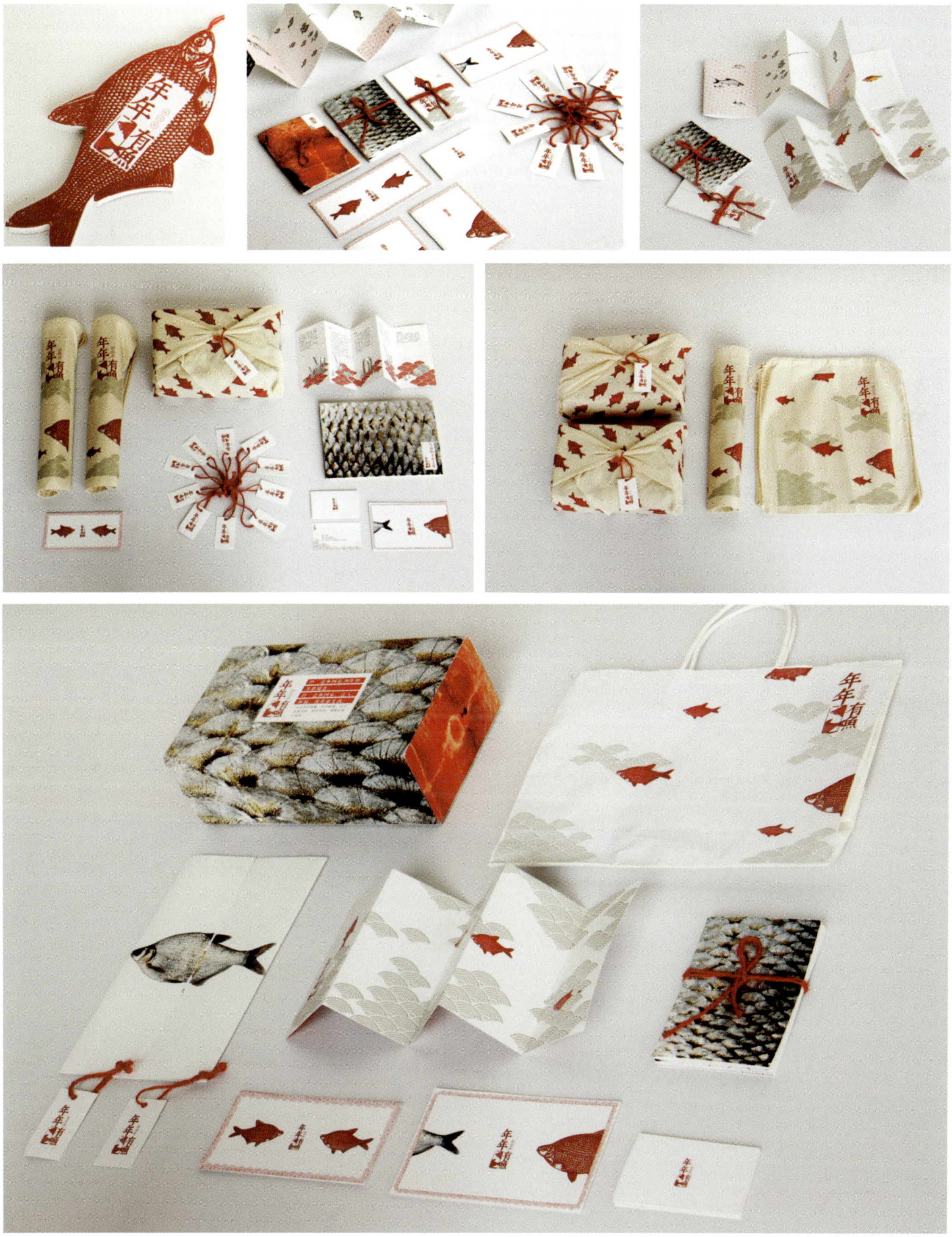

作品 16　“自言自语”系列环保包装设计

这是一组感觉清新的包装设计，设计者创作了八种濒临灭绝的动物的艺术造型，编写了一系列有关这些动物的小故事，它们有的在寻找自己的耳朵，有的在寻找自己的腿,还有的丢失了尾巴……这些小故事传达出要爱护小动物的心声。

作品 17

（a）粽子包装设计

（b）“朵奶”包装设计

（c）香水包装设计

作品 18

(a) “快乐生活”礼品包装设计

(b) “姬兰香”包装设计

(c) 蜡烛礼品包装设计

作品 19

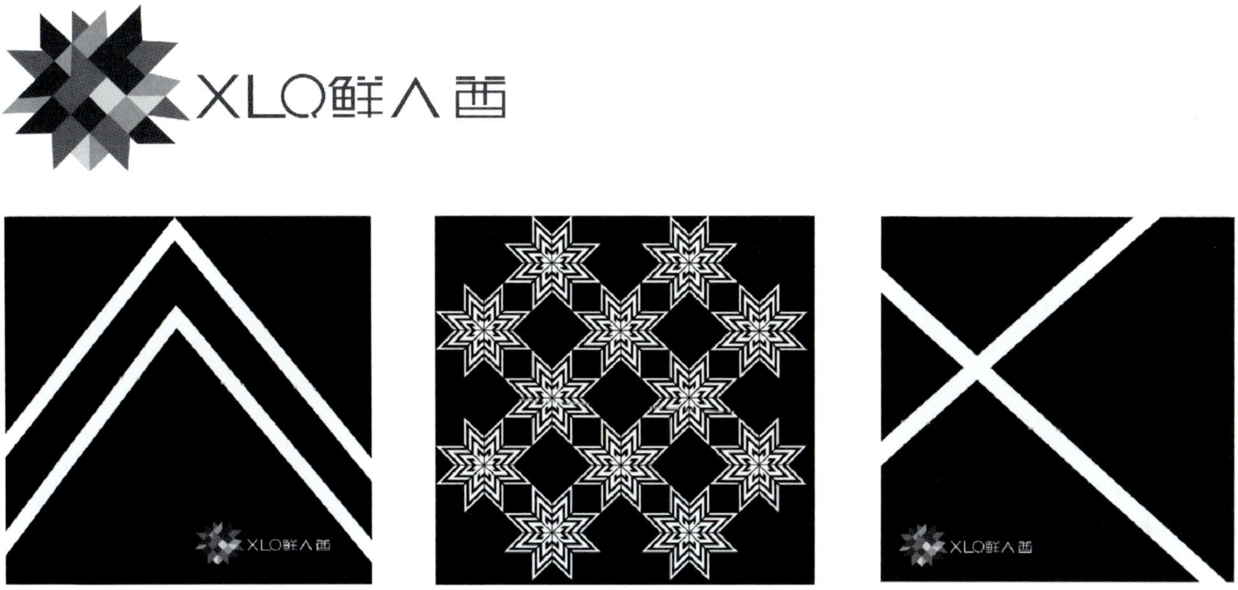

(a)“鲜人酉”礼盒设计

(b)“上河圆月”月饼包装设计

(c)“黄原家酿”酒包装设计

(d)“金中园”茶叶包装设计

作品 20　手机电池充电器包装设计

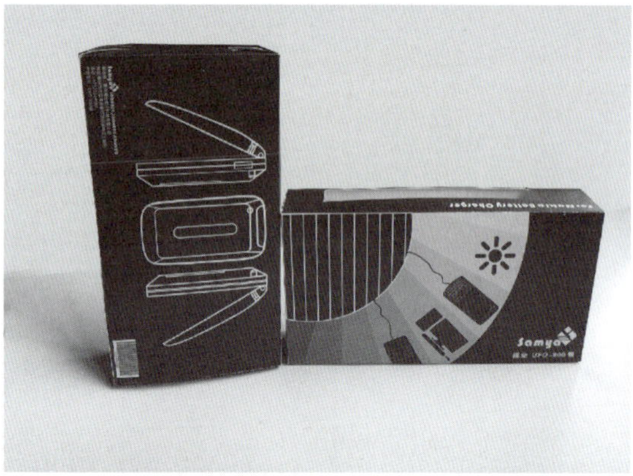

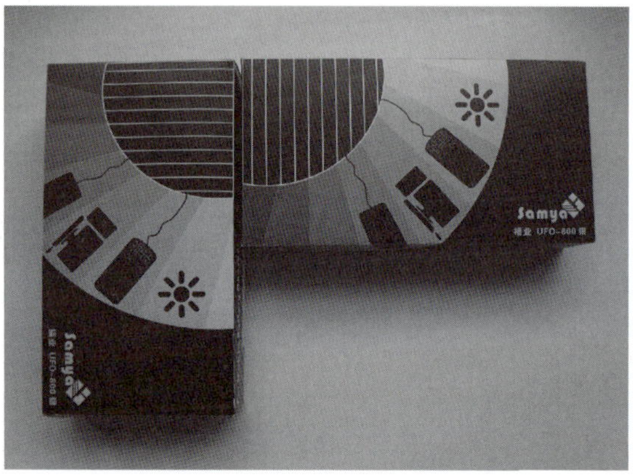

此包装设计以太阳为主形，运用色彩渐变的效果为变化元素，黑色衬以磨砂丝印的效果，使包装有很好的质感。该包装的亮点在于很直观地表达了太阳和手机的联系，而且使用者能通过外包装就了解使用方法。

作品 21

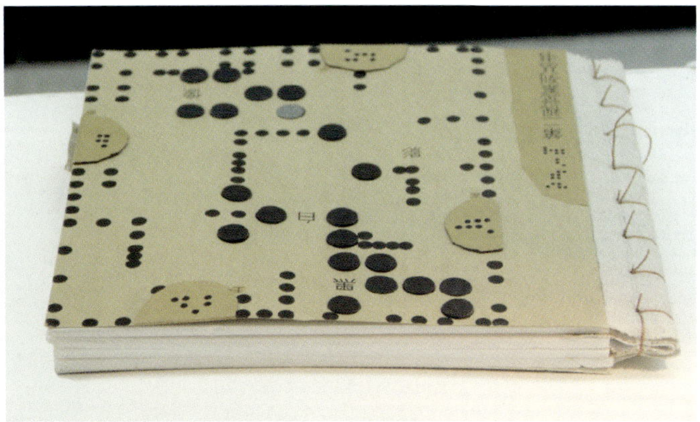

(a)《第二视觉》系列丛书设计(盲人书籍设计)

(b)《物种的起源》书籍设计

(c) 婚庆用品包装设计

(d) 大枣包装设计

(e) 水果店用品包装设计

作品 22 饮料瓶包装设计

作品 23

(a) 金银花茶饮包装设计

该包装针对以中国传统中药配方为主的保健品包装，体现中医药味道，结合现代保健品的生物制药科技感，利用中国传统味道的版式和结构，加上适当烫金工艺将质感凸显出来，给人精致感和高档感。

(b) 保健品包装设计

作品 24　“有料”调味品包装设计

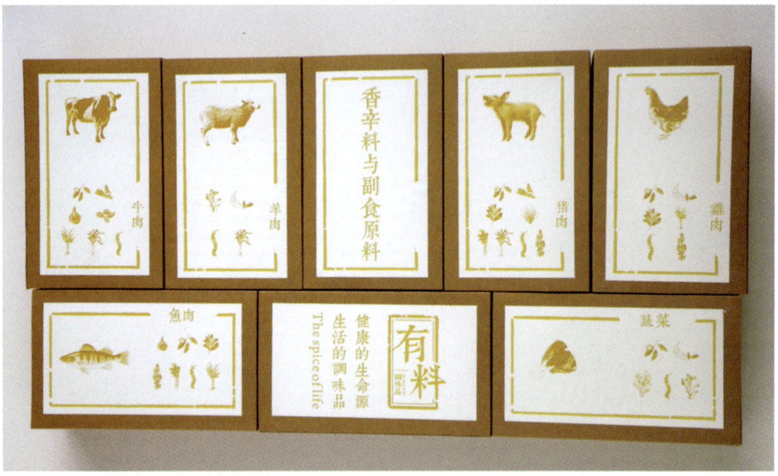

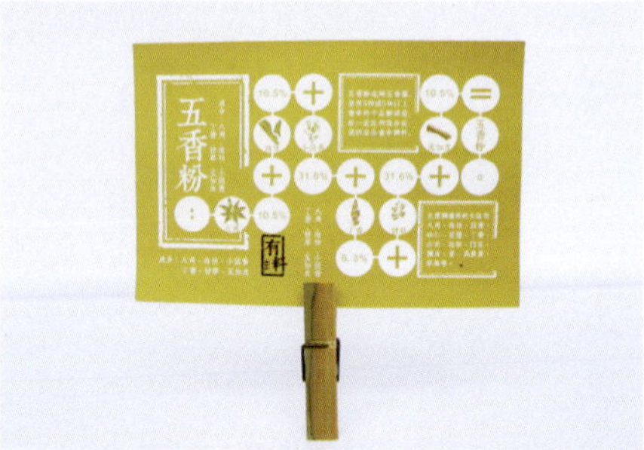

作品 25 保健品包装设计

这款保健品包装采用传统元素设计的同时，采用了国际化的保健品包装处理方式，使包装看起来有明显的传统特色，版面干净大方，现代感强，符合现代中国人对于国外保健品科学技术的认知，又传达出此保健品针对中国人体质设计的意味。

作品 26 服饰类包装设计

作品 27　茶叶包装设计

瓷器和茶叶作为中国的两大文化代表，在此款包装设计中同时体现出来，瓷罐上的水墨画让设计看上去更加独特，有量身定做的感觉。在画面中将品牌设计成印章，更是点睛之笔，让人们在使用和欣赏的同时，不知不觉领会到品牌的独到之处。

作品 28 “糖话”品牌包装设计

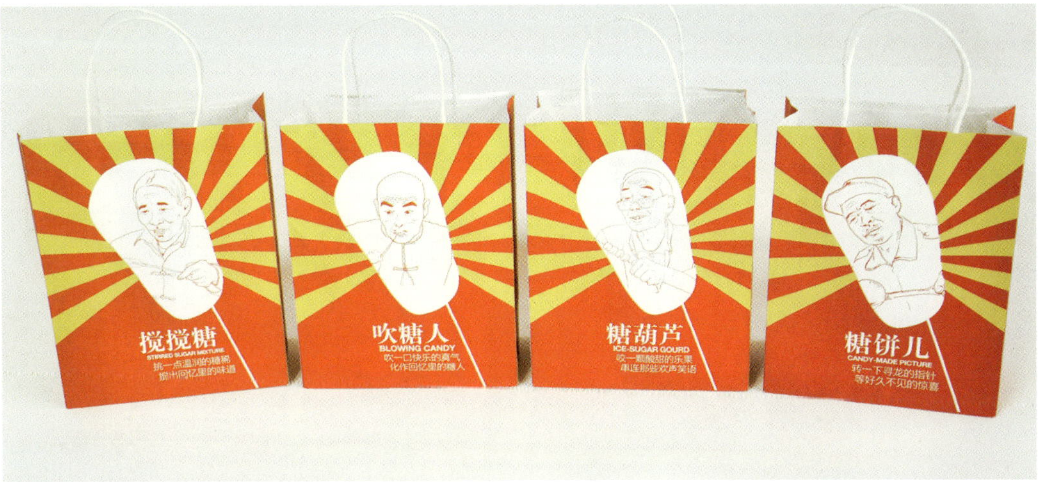
搅搅糖
STIRRED SUGAR MIXTURE
吹糖人
BLOWING CANDY
吹一口快乐的真气
化作回忆里的糖人
糖葫芦
ICE-SUGAR GOURD
糖饼儿
CANDY-MADE PICTURE
转一下寻龙的指针
等好久不见的惊喜

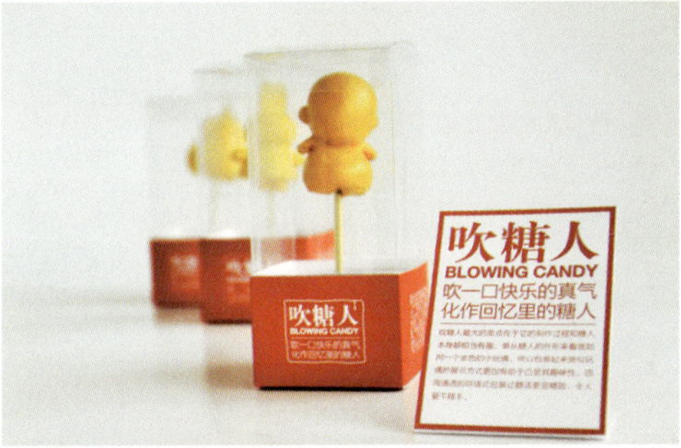
吹糖人
BLOWING CANDY
吹一口快乐的真气
化作回忆里的糖人

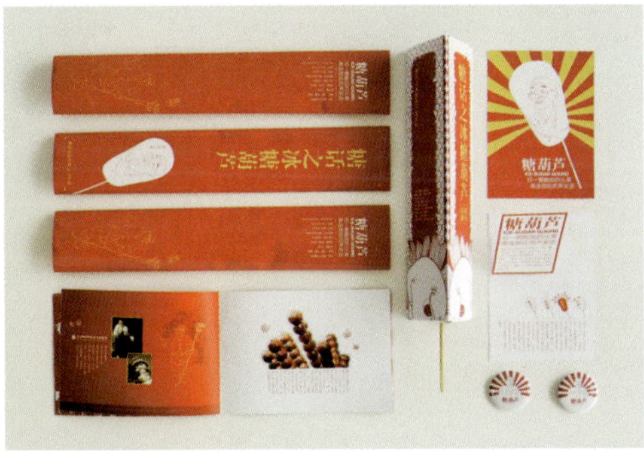

糖饼儿
CANDY-MADE PICTURE

作品 29 “城市快点”包装设计

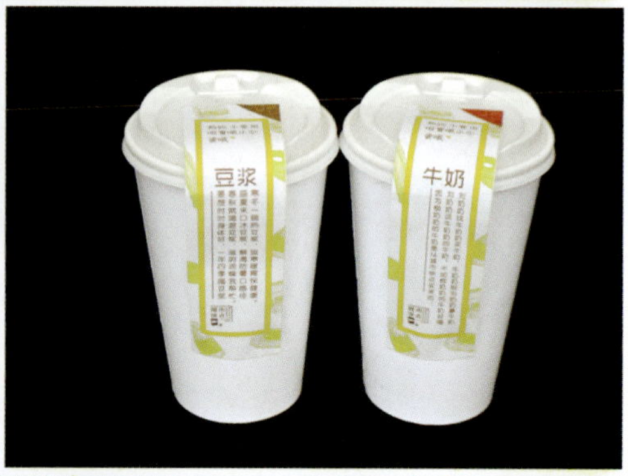

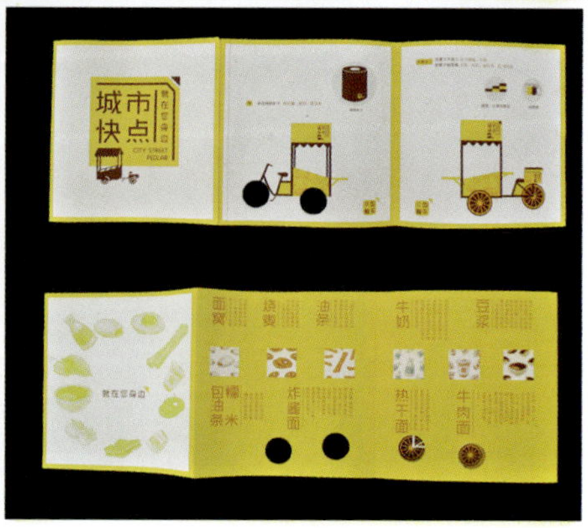

作品 30　土特产包装设计

作品 31 “寂墨徽影”旅游产品包装设计

寂墨徽影：

寂，是静止的意思；墨，则代表心灵的印痕。“Sleeping shadow within silent memory.”寂静回忆中的沉睡倒影。

该包装设计是对“忠、孝、节、义、静、灵、勤、礼”的徽州精神的努力表达。美如水墨的徽州青瓦楼和牌坊，百年孤寂、忠贞坚定，是历史身后寂寞的影。

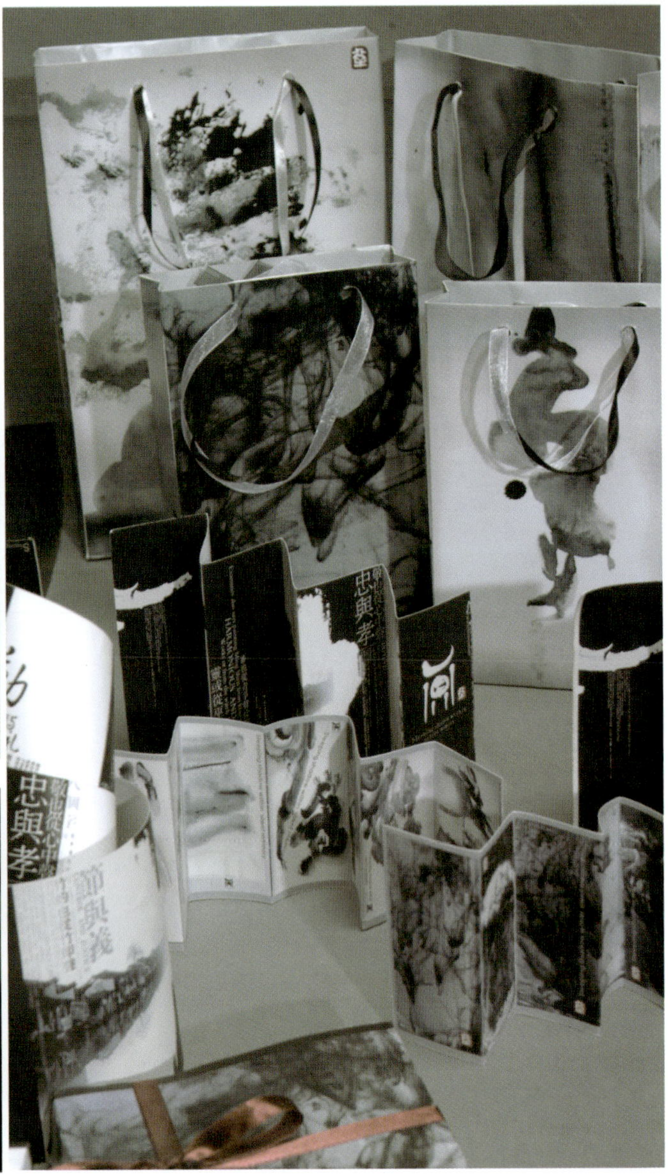

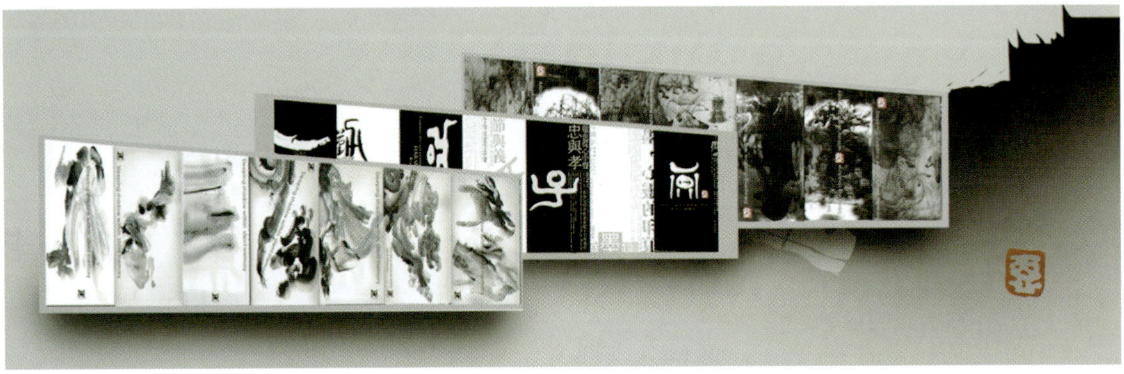

参 考 文 献

[1] ONE Studio. *Japanese Package Design*. Hong Kong: Hong KongXinyuan Arts Publishing House,2005.
[2] [日] 河村 博. 最佳日本包装设计（第1卷). 北京：世界图书出版社北京公司，1999.
[3] [日] 河村 博. 最佳日本包装设计（第2卷). 北京：世界图书出版社北京公司，1999.
[4] [美] 玛丽安•罗斯奈•克里姆切克，桑德拉•A•科拉索维克. 包装设计：品牌的塑造——从概念构思到货架展示. 李慧娟译. 上海：上海人民美术出版社，2008.
[5] [美] 凯瑟琳•M•费舍尔. 完美包装设计. 刘玉民，徐蓓蓓译. 上海：上海人民美术出版社，2003.
[6] 王林. 包装实用装潢设计. 北京：化学工业出版社，2009.
[7] 李晓民，康立新. 包装设计实务教程. 长春：吉林美术出版社，2010.
[8] 朱国勤，吴飞飞. 包装设计. 上海：上海人民美术出版社，2008.
[9] 王安霞. 包装形象的视觉设计. 南京：东南大学出版社，2006.
[10] 陈磊. 包装设计. 北京：中国青年出版社，2008.
[11] 王章旺. 包装分类设计——洋酒、国酒类. 北京：中国轻工业出版社，2001.
[12] 王章旺. 包装分类设计——啤酒、饮品、香烟类. 北京：中国轻工业出版社，2001.
[13] 王章旺. 包装分类设计——食品类. 北京：中国轻工业出版社，2001.
[14] 王章旺. 包装分类设计——设计基础. 北京：中国轻工业出版社，2001.
[15] 王安霞. 产品包装设计. 南京：东南大学出版社，2009.
[16] 马克•汉普希尔，基斯•斯蒂芬森. 分众包装设计. 杨茂林译. 北京：中国青年出版社，2008.
[17] 乔治•L•怀本加，拉斯洛•罗斯. 包装设计结构大全. 上海：上海人民美术出版社，2006.
[18] 陈光义，耿燕. 包装设计. 北京：清华大学出版社，2010.
[19] 斯黛茜•金•高登. 包装再设计：适应市场变化的平面再设计. 上海：上海人民美术出版社，2006.

[20] 杨福馨，吴龙奇．防伪包装技术．北京：机械工业出版社，1998.
[21] 张大鲁，吴钰．包装设计基础与创意．北京：中国纺织出版社，2006.
[22] 贾尔斯·卡尔弗．什么是包装设计．北京：中国青年出版社，2006.
[23] 王绍强．包装设计定位法．广西：广西美术出版社，2004.
[24] 迈克·费瑟斯通．消费文化与后现代主义．北京：北京译林出版社，2000.
[25] 李娟．包装设计色彩．广西：广西美术出版社，2005.
[26] Charles. Jencks，*The Design Concept*. New York：Watson-Guptill Pubns，1981.
[27] 赵平勇．设计色彩学．北京：中国传媒大学出版社，2006.
[28] 周钧,崔唯. 视觉传达色彩设计. 北京：中国青年出版社，2008.
[29] 杨仁敏，杨曦. 礼品包装新空间. 重庆：重庆出版社， 1996.
[30] 宫晓滨. 包装设计之礼品包装 . 杭州：浙江美术出版社，1997.
[31] [日]内藤朗著．礼品包装. 张键. 上海：上海远东出版社, 2000.
[32] Rikuyo-Sha. *Package Design in Japan Biennial*：*Volume* 10. Rikuyo Sha Pub，2003.
[33] Stanley Sacharow. *Packaging design*：*The best of American packaging and international award winning designs*. Robert Silver Associates，1983.
[34] B. Martin Pedersen. *Packaging Design 9*. Watsoa-Guptill Pubns，2005.

后 记

本书之所以能够成功出版，要感谢诸多慷慨相助的朋友们：福建师范大学的王晓戈老师、江汉大学现代艺术学院的魏坤老师，你们广博的专业知识和出色的教学方法都对本书产生了深刻的影响。予色善工品牌包装策划设计机构和家庆设计机构，你们提供的优秀作品为本书增光不少。诸位同行不吝提供的专业经验都成了我们弥足珍贵的信息来源，从他们的设计杰作中我们获得了颇多启发。同时，还要感谢那些为本书提供优秀作品的学生们：张文辉、廖志敏、曹巧一、孟春慧、霍树伟、莫珊、刘露露、朱丹妮、曹郡、贾莉、肖彦、赖晨雅、程淼淼、周妹月、吕焱春、杜晓庆等，你们对设计的热情给了我们莫大的动力。最后，还要感谢所有参考文献中的作者们，你们的研究成果极大地丰富了本书的内容。